本田 健
Honda Ken

30代にとって大切な17のこと

きずな出版

はじめに――30代、この時代をどう生きますか？

30代のあなたは、いま何を感じて生活しているでしょうか？

毎日、充実していますか？
それとも、忙しくて慌《あわ》ただしい毎日が続いている？
からだが疲れていたり、あんまりやる気がない状態でしょうか？
30代にもなると、いろいろなことが起きて、悩んでいるかもしれませんね。

いま、どういう状態だとしても、それが、30代のあなたです。
これから、あなたは、どんな生き方をしていくのでしょうか？

じつは、30代は、人生でいちばん忙しい10年です。

仕事をしている人は、ただ目の前のことをするのに精一杯だった20代から、職場でのスキルも身について、何かと頼まれることも増えていきます。

結婚したり、子どもを持ったりすれば、その忙しさにはさらに拍車《はくしゃ》がかかり、自分のための時間など1分たりとも持てない感じがしているでしょう。

親が倒れたりして、介護をしなければならない、という人もいるでしょう。20代は自分のことだけ考えていればよかったのに、30代からは、そんな番狂わせも起きるのです。

そうして、あとで振り返ってみると、「よくわからないうちに過ぎてしまった」と感じるのが、「30代」の10年なのです。

20代のときにも、仕事のことで悩んだりしたかもしれません。でも、30代に比べれば、まだ友達と遊んだり、恋愛したり、趣味にはまったり、という時間がありました。

それが、いつのまにか、「仕事しかしていない」「育児で手一杯」「介護のことしか考えられない」というような状態になっている――これが、現実です。

余裕を持って毎日を過ごしているという人は、30代には意外と少ないものです。

ここで、自分の人生を見直してみませんか？

いざ見直してみると、もしかしたら、がっかりすることが多いかもしれません。

自分の「現在地」や「自分の近未来」が見えてくるのも、「30代」だからです。

たとえば友人同士で集まったときも、20代までは、それほどの違いはないものです。

自由になる時間もお金も、みんな同じようなものだったはずです。

それが30代になったら、収入にも資産規模にも、大きな差が出てきます。

たとえば、30代で年収300万円の人もいれば、500万円の人もいます。専業主婦になって自分の収入はゼロだという人もいれば、会社を経営して数千万円を稼ぐ人たちも出てきます。

30代と言っても、その前半と後半では、違う世代と考えたほうがいいくらい、同じ年代でも人生の様相《ようそう》が違ってきます。

経済的な面だけでなく、たとえば恋愛をとってみても、からっきしダメな人もいれば、モテモテで恋愛遍歴を重ねる人もいます。本当の愛を見つける人もいれば、誰とも会えないまま、愛の砂漠でさまよう人もいます。

忙しすぎて一人の時間が欲しいと思う人もいれば、孤独の湖に沈む人もいます。学校を卒業したときには同じスタートラインにいたはずが、気づいたら10年たって、まったく違う場所にいるわけです。

なかには、「こんなはずじゃなかった」と思っている人もいるでしょう。

もしも、そうだとしたら、ここでいったん、自分の人生を俯瞰《ふかん》してみましょう。いまのその場所から、自分が信じた道を進んでいいのかを考えてみるのです。

このままあまり変わらなければ、あなたの人生はどうなっていきそうですか？

もしも仕事を変えたら、どうなっていきますか？

そのシミュレーションをしてみましょう。

人生は楽しむためにある、という考え方があります。その考え方で生きるなら、多忙を極《きわ》めても、意識次第では、育児、仕事、介護を心から楽しむことができます。のめり込むほどの仕事に出会えるというのは幸せなことですが、仕事ばかりやっていては人生を楽しむ余裕が生まれません。

僕は子どもが生まれてセミリタイアをしたくらいですが、娘との時間はとても貴重でした。あとから振り返ってみると、自分の人生でもっとも楽しい時間だったと思います。

介護もまた、親と最後の数ヵ月、数年を過ごせる大切な経験です。

そうやって見ていくと、「30代」ほど、人生で濃い10年はないと思うほどです。

でも、「忙しい」だけで過ごすと、せっかくの濃密な時間を味わうことなく、気づいたら「もう40歳になっていた」となってしまうでしょう。


自分の30代を振り返ってみると、子どもを持ったのも、作家としての仕事をスタートしたのも30代でした。

それこそ濃密で面白い10年でした。後悔は、ほとんどありません。

後悔はないけれども、もっと何かできたんじゃないかという思いも、ないといえば嘘になります。

40代、50代になって初めて、「30代」のことがわかります。

まわりの友人に聞いても、「いまの自分から当時の自分に、焦《あせ》らなくていいよって言ってあげたい」という人は少なくありません。

やり直せるなら、別の生き方をしたいという後悔が、いろいろあるのです。

何度も言いますが、30代は、油断すると一瞬で過ぎていきます。

「仕事だけ」「子どもだけ」「介護だけ」で終わってしまいかねない「30代」を、もっと充実させて生きていくことができます。

それには、自分が何を選択するかです。

人は、生きるうえで、いつも何かを選択しています。

言い方を換えれば、自分が選択した結果が、自分の人生をつくるわけですが、それを意識している人は、残念ながら多くはありません。

なんとなく選択したものが、あなたの人生をつくっているのです。

たとえば結婚する人生、結婚しない人生がある。

子どもを持つ人生、持たない人生がある。

仕事に生きる人生もあれば、仕事を持たない人生もある。

たいていの人が、なんとなく、「こうなってしまった」という感じで、いまの人生を生きています。

でも、それをもっと積極的に選択していくことで、自分が本当に望む人生をつくり出すことができます。

その決め手は、「30代」にあります。

どんなに積極的に選択しようとしても、「20代」ではまだ決めきれないことがあります。では「40代」ならばいいかといえば、それではやや遅いということもあるわけです。

もちろん、「いくつになっても、やろうと思えばできないことはない」というのは間違いではありません。でも、同じことをやるにしても、それをしやすい時期、やりにくい時期というのはあるのです。

その意味で、「20代」では早すぎ、「40代」では遅すぎることがあります。

僕自身のことで言えば、20代前半で結婚、そして離婚。20代の後半に愛する女性に出会い、結婚して30歳のときに娘が生まれました。育児セミリタイアの4年間を経て、作家、講演家になりました。

その後、娘の幼稚園のために長野に引っ越したり、学校のためにボストンに移住したりしました。「面白そう！」と思ったことを追いかけた人生でしたが、本当にいろんなことがありました。そんなドラマチックな人生だったから、何十冊も本が書けたわけです。

僕は、年齢的に、あなたの20年先を生きています。

たとえてみると、いったん頂上に登った後、登山道を降りていくときに、登ってくる30代の若いあなたに会っているわけです。人生の山登りをしてきた先輩として、これからの道がどのようなものかを伝えることができます。

滑《すべ》りやすい場所、雨が降ったら避難できる場所などを教えてあげられます。僕のズボンが泥だらけで、あちこち穴が空いてボロボロになっているのを見てもらったら、何度も派手に転んできたことがわかると思います（笑）。なので、こうやったら失敗するよ、そこは危ないから気をつけてね、ということも事前に教えることができます。

ただ、部活でも会社でも、先輩というのは、ありがたいところと説教くさくて面倒なところの両方の要素を持っていると思います。僕も上から目線の先輩が嫌いだったので、そういう気持ちはよくわかります。なので、できるだけ気をつけてお話しするつもりですが、説教じみてきたらごめんなさいね。あらかじめ謝《あやま》っておきます（笑）。

僕は作家としてだけでなく、ビジネスオーナー、投資家としても、たくさんの幸せな成功者と、それとは反対の、つらい人生を生きている人の両方に接してきました。

個人的にもあり得ないような失敗と成功を体験してきたし、ごく間近で愛憎うごめく映画のような人間ドラマをたくさん見てきました。

そういう体験から、本音で、30代のあなたに語りかけるつもりです。

50代以上の人には手遅れでも、あなたの年齢であれば、まだ間に合います。

この数年の世界の変化で、みんなが生き方に迷っています。それは、これまでのルールがまったく変わりつつあるからです。

あなたも、その一人かもしれません。

でも、そんな世界で、これからどう生きるのかを決められるのも、あなたです。

これからの話を聞いたうえで、自分にとってベストな選択をしてください。

では、一緒に、あなたの「30代」にとっての大切なことを見つけに行きましょう。

◎目次

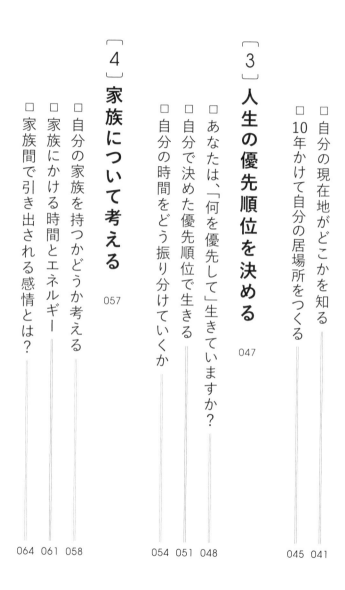

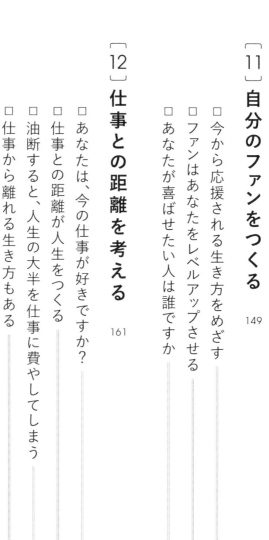

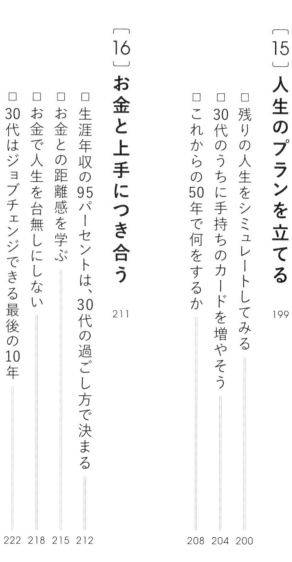

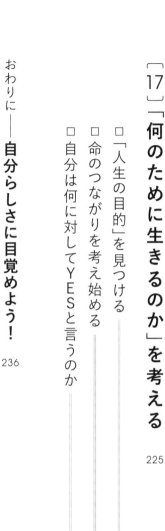

30代にとって大切な17のこと

〔1〕

いちばん忙しい10年を生き抜く

□人生でいちばん苦しくて、忙しい10年

「30代」になって、変わったことはありますか？

「20代の頃とは違ってしまった」という人もいれば、「30代になっても、これまでとあまり変わらない」という人もいるでしょう。

でも、自分の人生を、10代の頃から振り返ってみると、どうでしょうか？

「10代」は、「自分の進路」を初めて考える年代です。

これからの自分に何ができるのか、自分は何をしていくのか。それを意識するところから、「10代」が始まるといってもいいでしょう。

「大企業で働きたい。海外駐在できるような仕事がしたい」

「自分のお店が持ちたい」

そういった将来の夢を描き、希望にあふれていたと思います。

壁も天井《てんじょう》もなく、広く見えた世界。それが、いつのまにか、ぎゅっと狭まった世界に変わったのです。「20代」になって、天井はさらに下がり始め、いま「30代」になって、夢が押しつぶされていき、身動きが取れないと感じている人は少なくありません。

「10代」「20代」のときには「何でもできる」と思えたことが、「30代」では、「とてもそうは思えない……」となっていきます。

ハーバード大学が75年の追跡調査をして行った「幸せの研究」というのがあるのですが、その研究においても、30代の幸せ感はとても低くなっています。

10代、20代は、それなりに楽しいことがいっぱいある年代です。

悩んだり、トラブルを抱えたりすることは、もちろんあったでしょうが、いまになってみれば、「なんで、あんなことで悩んだりしたんだろう」と思うのではありませんか？

たとえば恋愛にしても、結婚するとかしないとか、ということが出てきます。

親が病気になって介護が必要になることも、「30代」から始まります。

仕事をしていても、「自分が思っていたほどにはできていない」と感じている人のほうが、

「自分はできている！」と感じている人よりも多いでしょう。

夢の天井がどんどん下がっていくことを実感するのが、まさに30代。「つぶされる〜！」と叫びたくなる年代なのです。

「40代」も後半になれば、「あきらめ」が入ってきます。

「50代」になれば、「悟《さと》り」の少し前の境地に入る人がいます。

「60代」になると、もう「Let it be（なすがままに）」となって、そこからは幸せ度もぐんと上がっていきます。

つまり幸せ度でいえば、「30代」は「人生の大底《おおぞこ》」と言ってもいいぐらい大変なのです。

その反面、「何でもできる」と思えた「10代」の幻想が、まだ少し残っているのも「30代」です。

たとえばミュージシャンで、売れないにもかかわらず、10年以上活動していたら、いつのまにか「30代」になってしまうわけです。

また職場に行けば、イケてない40代の10年先輩、50代の20年先輩がいます。「あんなふうにはなりたくない」と思って泣きたくなるような時代が「30代」なのです。

「20代」では純粋に幸せに喜べたことが、喜べなくなっています。自分に対して、どこかシニカルになり始めているかもしれません。

ポジティブな人は、「まだまだ30代でやれることはある」と思いますが、ネガティブな人は早くも、「もうこんなもんだよね」と、キャリア的にあきらめに入る人もいます。

「本店配属じゃなかった」

「自分が思った職業に就《つ》けなかった」

「仕事はまあまあだけど、自分には人に誇れるような才能がない」

本当はもちろん、そこから変わっていくこともできるのですが、「もう自分の収入はこんなもんなんだな」とか、どれだけモテるとかモテないとか、人間関係が得意だとか不得意だとかということがわかってきます。

自分の社会での「偏差値」が、バチッと数字で出てしまうわけです。

自分の実力を知って、そこから「よし！」と思って一念発起《いちねんほっき》できる人は全体の1パーセントくらいで、ほとんどの人たちが、自分にがっかりして終わりです。

人間関係でがっかりする人もいれば、お金でがっかりする人もいます。

病気になって、健康面で自分にがっかりすることもあります。

「30代」は、仕事やプライベートで楽しいことも苦しいこともたくさんあります。

仕事ができる人は、いくつものプロジェクトに関わったり、起業家になった人は、何社も会社を起ち上げたりするでしょう。部下を持ったり、社員を雇ったりして、できることの範囲が広がっていきます。

職場や仕事に慣れて、少しは出世して部下や後輩ができたという人も、相変わらずやることは多くて、やはり忙しいのです。

結婚、介護、育児など、人生最大のドラマが起きるのも、だいたい30代です。

あとから振り返って楽しいことも多いのですが、感覚的には人生でいちばん苦しい時代で、楽しみを感じられる時間はあまりありません。人生の先輩に聞いても、ほとんどの人が「よく覚えていないぐらい一瞬だった」という人が多数派だと思います。

一方で、10代からずっと引きこもって、30代になった人もいます。そういう人は、同級生が忙しそうなのをFacebook《フェイスブック》とかで見かけて、落ち込んでいるかもしれません。

そんなあなたは、時が止まった城に住んでいる感覚を持っているでしょう。

□時間とエネルギーを何に使うか

30代は、多くの人たちが偏《かたよ》った時間の使い方をしています。

たとえば、企業に勤めていたら、年齢が上がるにつれ、どんどん忙しくなっていきます。20代に仕事で結果を出し続けて、30代になってから独立する人もいます。

35歳ぐらいまでに独立しないと、成功の確率がグッと下がっていきますが、独立すると最低でも5年間くらいはそれだけに時間がとられることになります。

最終的に30代の後半の5年を多くの人は、仕事か家事、子育て、介護に捧《ささ》げることになります。あるいは、引きこもったまま30代を過ごす人もいます。

自分の貴重な30代を会社員として会社に捧げるのか、主婦（主夫）として家庭に捧げるのか、あるいは自分の父親・母親に捧げるのか――結婚せず仕事も辞めて、介護だけをしているという人も、僕のセミナーに来られます。あるいは、仕事も子育ても介護もしなければならない、という人もいます。それこそ、三者に引っ張られるような大変な状態です。

そういうことも同時に起きてしまうのが、「30代」です。

40代の後半から50代になると、いろいろなものが落ち着いていきますが、30代と40代の前半までは、どうしても時間がとられることが多いのです。

何に時間をかけるのかで、その後の、40代の人生が全然違うものになります。

仕事だけの人は、仕事がメインの人生になるので、40代になったら、仕事では実績を積めても、家庭は持っていないということもあります。持てたかもしれない家庭がなくなったとも言えます。逆に人生を家庭だけに捧げてしまうと、40代でキャリアを持つことは難しいでしょう。

「30代」は、人生の基盤になり、その後のだいたいを決めてしまうのです。

ちゃんと考えて時間を過ごさないと、40代、50代になってから、「こんなはずじゃなかった」と後悔を残すことにもなりかねません。

今後の自分の人生がどんな方向に進むのか。いまの時間の過ごし方が、大きな影響を与えることを意識しておきましょう。

30代につき合う人によっても、その後に大きな影響が出てきます。

自営業の人たちとつき合っていると、40代、50代になったら、まわりは中小企業の社長ばかりとなります。あるいは、教師、ドクター、作家など、自分と同業の人ばかりになっているという人も多いでしょう。

これからの人生で、どんな人と出会い、時間を過ごすのでしょうか？

いろんなことは、だいたいあらかじめ計算できます。

たとえば、年収が500万の人は、あと20年で、生涯賃金は1億円となります。新しい人と毎週1人会っている人は、年間52人。20年で1000人です。これから、自分が死ぬまでできる仕事、興味の持てる分野でも、同じように計算してみてください。

たとえば、年に1〜2回、1週間くらいの海外旅行に行くとして、あと20年と考えると、生涯におおよそ40〜50回ぐらい海外旅行をして人生を終えることになるわけです。

「30代」では、何に時間を費《つい》やすのかに加えて、何にお金を使うのか、よく考えておきましょう。

□「自分のこと」を後まわしにしない

30代になると、仕事かお金か家族——家族も、もともとの家族か、自分がつくった家族にしばられて、ほとんどの人たちが、それらの奴隷《どれい》となって、自由がきかなくなります。

つまり、自分の幸せというものが、二の次になってしまうのです。

なぜそうなるかといえば、「30代」になると、たとえば仕事の責任が出てきます。部下に対する責任、会社に対する責任、クライアントに対する責任というものが、つねに頭にあります。いつも誰かを喜ばせることを考えているのですが、その「誰か」の中に「自分」が入っていないのです。

結婚しても、同じようなことが起こります。

男性、女性にかぎらず、いまは家族を大事にしたいと思う人たちが大多数です。ゆえに家族のことが一番になって、旦那さんや奥さん、子どもを大事にしようとなります。

そうなると、自分がワクワクすることを忘れてしまうのです。

親孝行したいと考える人も多く、とくに介護が必要な場合には、会社を休んだり、有休を使ったりしてすることになります。自分ができることは何でもしてあげたいと思って、週末の大半を親のために費やしたり、場合によっては会社を辞める人もいます。それは人としては素晴らしいことですが、その分だけ個人の幸せは削《けず》られているわけです。

自分の幸せのためだけに生きられる時間がどれだけあるかというと、「10代」「20代」は、悩みながらも、自分のために使えたはずです。親に遠慮したりすることはあっても、自分のために生きることができました。

「60代」からも、自分のための人生を生きることができます。

けれども、「30代」「40代」「50代」は、自分がやっている仕事に忙殺《ぼうさつ》され、子どもの教育費などで、家族にすごくお金もかかるので、自分の趣味に時間とお金が使えません。

それは、家族に対する忠誠心みたいなもので、自分のことがいちばん最後になってしまう30年のスタートが「30代」です。

そこで、あえて、あなたに質問です。

「あなたがワクワクすることを毎日どれくらいやっていますか？」

それを聞いて、頭が真っ白になったり、悲しくなった人は、なぜ自分以外の誰かのために生きてしまっているのか、あらためて自分に聞いてください。

とくに「優しい人」は気をつけましょう。「自分がはっきりない人」「自分と向き合うのが苦手な人」も、自分のワクワクなんか、すっ飛んでしまっているかもしれません。

日々のTO DOリスト、会社のTO DOリスト、夫や妻、子どものTO DOリスト、両親のTO DOリストが、次々に自分のメールボックスに入ってきます。

子育て一つとっても、やることはいっぱいあります。オムツを買ったり、保育園に迎えに行ったり、子どもが風邪をひいたら病院にも連れていかなければなりません。

この時期に子どものことが最優先になるのは仕方のないことですが、それでも自分がワクワクすることも忘れてはいけません。

かといって、「育児放棄《ほうき》をして自分の好きなことだけをやれ」と言っているわけでもありません。いまの生活の中に、あなたの好きなことを少し入れましょう、という提案です。

〔2〕

社会の中で、
自分の居場所をつくる

□仕事における「自分の偏差値」を知る

「20代」では、「社会の仕組みを知って、自分がどこに属するかを決める」ことが大切だと、拙著『20代にとって大切な17のこと』（以下『20代』）で書いています。

「30代」になって「20代」と違うのは、社会人を何年かやってみて、いまの仕事のことや会社の構造などが、よりわかってきたということではないでしょうか。

どういう人が出世して、どういう人がお金に恵まれるのか。逆に、出世しない人、お金に恵まれない人がどんなタイプか、ということも、おおよそ見えてきます。

合コンや女子会、会社の飲み会などに参加してみて、自分がどれだけモテるのか、あるいはモテないのか、ということもわかります。

魅力的な人、イケてる人の共通点、またはその逆のことも、わかるようになります。

仕事においても、できる人、できない人の違いがわかってきます。

仕事はできないけど性格がいい人もいれば、仕事はできるけど、なぜか好かれない人もいるでしょう。

パートナー候補として見たときに、自分がどのタイプに惹《ひ》かれるのかということもわかってきます。

たとえば、仕事はできないんだけど人柄がいい人を選ぶのか、ちょっと人柄は今ひとつなんだけどお金を持っていそうな人にいくのか、見た目重視でいくのか、性格重視でいくのか、というような、これまでは「なんとなく」、おぼろげにしか見えていなかった「自分の本音」がはっきりしてきます。

人生において、自分は何を重視するのか、がわかってくるわけです。

たとえば、次の中で、あなたがいちばん大切にしたいものは何でしょうか。

・仕事
・お金

・人間関係
・パートナーシップ
・自分の時間
・健康

どれをいちばん大切にするで、あなたの生き方も違ってくるでしょう。

また、それぞれの項目で、自分の「偏差値」も見えてきているはずです。

それによって、たとえば自分は、企業で会社員としてやっていくのがいいタイプなのか、もっと自由な働き方が許される仕事のほうがいいタイプなのか。スーツを着て働くのがカッコいいと思う人、満員電車に乗るのは無理だと思う人……それによって、どんな仕事に就いて、どんな働き方をするのがいいのか、ということがわかるわけです。

満員電車はイヤだけど、経済的に安定しない職業は避けたいという人もいれば、収入は少なくても、自分の時間が多いほうがいいという人もいます。

会社員でもリモートワークを導入する会社が増え、働き方も変わってきました。

会社員として働くのか、フリーランスでやっていくのか、あるいは自営業か、それによって、自分の社会における位置も決まってくるわけです。

そういう社会の仕組みを知って、転職を考える人もいるでしょう。

たとえば、「会社員になったけれど、やっぱり、子どもの頃からなりたかった看護師になりたい」と思ったら、資格をとるまでの費用や、その間の給料が一定額保証されるシステムがあることがわかったりします。

あるいは、イラストレーターになりたいと思ったら、専門の学校に行くこともできます。自分の専門分野で、留学してMBAを取得したり、日本の大学院に行って学び直したり、そうした変化を起こすこともできます。

「転職したら、これだけの収入になりそうだ」とか、「この才能がある」「この資格がある」とか、自分の実績やスキルなど、そうした手持ちのカードを使って、どうやって、この人生ゲームをやっていくのかが、「30代」ではリアルになっていきます。

「20代」のときには、理想と絶望しかなかったのが、実際にゲームを体験することで、「よし、このカードは切れる」とか「このカードは意味がない」ということがわかってきます。

そうして社会の仕組みを知って、とりあえず会社の中で誰が出世するのかしないのか、派閥がどうなっているのかということはわかってきます。でも、依然として、「世の中どうなってるか」に関しては、未知のことが、まだまだたくさんあります。

自分の親も、自分自身も、会社員として企業で働いていたら、自営業の世界のことはわかりません。なんとなく自分の店を持ちたいと思っても、「そんなに甘くない」ということはわかっているつもりでも、具体的なことは知らないわけです。

もし、あなたが何かに対して興味を持ち始めたら、その分野のことを調べてください。その業界の人のブログを読んだり、講演の動画も探せば見つかるはずです。

社会がどういう仕組みでまわっているのか、あらためて勉強していきましょう。忙しい通勤の前後でそういう動画を見たりしているうちに、転職したり、独立するためのエネルギーが出てくると思います。

自分のスキルや才能を使って、勝負に出られるのも、30代の特権です。失敗しても、またやり直しが十分にきくからです。

□自分の現在地がどこかを知る

社会がどうできていて、その中で「自分の現在地を知る」ことは、とても大切です。テーマパークやデパートなどの商業施設に行くと、地図やフロアガイドがあって、「現在地」がマークされていることがありますが、「自分の場所を知る」というのは、社会の中での自分の「現在地」を知ることです。

たとえば今、「33歳で小さな会社の社員である」というのが現在地です。「5年たったら、これぐらいのお給料がもらえそう。でも、10倍になることはなさそうだ」とか、「いま自分は自営業で、お客さんがこんな人たち……」とか、「フリーランスで仕事をもらっていて、だいたい年収250万円ぐらい」とか、「ここが自分の位置だ」ということを、正確に知ることが大事なのです。

そのときに、自分の状況を見て「なんでダメなんだろう」とか「結構いい線いってる」というような、判断はしないことです。

なぜかといえば、その現在地はまだ確定していないからです。

たとえば大企業に勤めていて、ある程度の収入があって、ゴールドカードを持っていたり、ローンや不動産の審査でも断られたことがないような人は、自分のことをすごいと錯《さっ》覚《かく》してしまいがちです。でも、いま勤めている会社を辞めた瞬間、あなたの信用はゼロになります。

なので、いまの自分の場所を知ったからといって、そこに対して感情的に「すごい」とか「自分はイケてる」「イケてない」と考える必要はありません。

来年、あるいは3年後は、いまとは全然違うところにいるかもしれません。

それよりも、いま自分はどういう立場で、誰に何を提供していて、何を、どういうふうに受けとっているのかという、自分の「エネルギーの循環の図」を描くことです。

「エネルギーの循環の図」というのは、たとえば、会社に全部のエネルギーを与えているとか、母親に全部のエネルギーを与えているとか、あるいは弟にエネルギーを与えているとか……自分に「生命力エネルギー」があったとしたら、それは具体的には何で、どこに与えているのか、それをすることで何を受けとっているのか、を表すものです。

「生命力エネルギー」は、ひょっとしたら、感情的なもの、そこに属しているというだけで幸せを感じるものかもしれません。それが「給料」や「報酬」というエネルギーとして、自分に返ってくるわけです。

そのギブアンドテイクがフェアな感じだと、人は、まあまあ幸せになれます。

これに対して、自分はすごく出しているのに返ってきていないと思うと、不満を感じます。たとえばパートナーシップで、「自分ばかりが尽くしているのに、相手は何もしてくれない」と感じることはあるでしょう。「会社にこれだけ尽くしているのに、この程度の給料じゃやっていられない」と感じる。そういったことは、いずれも感覚的な問題です。

世間的にはともかく、自分がこれだけやっているのに「何かが返ってきていない」という違和感を大切にしないと、「じゃあ、自分がどこにいたら完璧に幸せなところに行けるのか」ということは、なかなかわからないのです。

面白いもので、やっていることすべてが、身になっているというものでもないのです。

それがすべて将来のためになるということもありません。

やっている活動の8割ぐらいが、意外と、くだらないことだったり、本質とはあまり関係ないことだったりするものです。

僕も「30代」のときには、これからうまくいく自信もなかったし、どうやっていったらいいのかもわかりませんでした。「自分の場所がショボい」ということだけはわかっていて、当時は自分にがっかりしていました。だから、感覚的には、ずっとうまくいっていないほうが強かったと思います。でも、最終的には、何百万部を売るベストセラー作家になったわけで、いまだに世間の僕に対する見方と、セルフイメージにギャップがあります。

オリンピックのメダリストも、練習でうまくいかなかったり、何度も予選落ちしたり、ケガで休んだりして、ずっと「うまくいっていない」感覚で生きてきた人のほうが多いようです。だから、奇跡的にメダルを取れた自分が、いちばん驚いているぐらいです。

あなたの現在地がどこでも、気にしないで大丈夫です。要は、どこにたどり着くかです。

極端に言うと、現在地はどこでもいいのです。

あなたがどこをめざすのか、それを30代のうちに考えておきましょう。

□ 10年かけて自分の居場所をつくる

いまいるところは、自分が本当にいたい場所じゃないとしても、10年後には、理想の場所に行けることがわかっていれば、焦ることはグッと減るでしょう。

たとえば、いま現在32歳だとして、42歳までには自分の理想の場所に行けると確信していたら、現状にそこまで不満を感じなくて済むのではないでしょうか。

人生は、短いようで、あなたが思っているよりは、結構長いのです。

いまは達成できていなくても、10年かけて、少しずつ、進んでいけばいいわけです。

たとえば、自分のいたい場所は「会社員」じゃないと思っても、いますぐに会社を辞める必要はないわけです。

自分の行きたい場所、やりたいことが見つかれば、そのために、いまの仕事を経験として積むことは、決して無駄ではないはずです。

努力することをつらいものだと考えてしまう人は多いのですが、自分の行きたい場所が見えていると、努力は楽しいものに変わります。すべて夢につながっていくわけですから。

その意味では、目線を上げていくことです。

10年後の自分を意識してみるのです。

いまの自分、いまの居場所だけを見てしまうと、目線は下になってしまいます。

そうなるとネガティブな気持ちになって、落ち込むばかりです。

「いまいる場所は、自分の居場所じゃない」

それに気づくだけで、十分です。

あなたが、自分に聞くべき質問は、「自分はどこにいるべきか？」です。

あなたを有頂天《うちょうてん》にさせたり、ワクワクしてしまう場所を探しましょう。

そのうちに、不思議なことがいっぱい起きて、気がついたら、そこに行けるようになります。カーナビに目的地をインプットするように、自分の未来の一点を見つめるだけでいいのです。

〔3〕

人生の優先順位を決める

□あなたは、「何を優先して」生きていますか？

限られた時間やお金、エネルギーで、できることは限られています。

自分が本当にやりたいことをやるためには、「人生の優先順位」をつけていかなければなりません。

仕事や家事、育児をこなしていくときにも、自分なりの優先順位をつけていると思いますが、「人生の優先順位」となると、つけているようで、つけていない人のほうが多いはずです。

あなたは、人生で何を大切にして生きていますか？

たとえば、「成長すること」という人と、「今を楽しむこと」という人がいたら、その生き方は、まったく違うものになるでしょう。

「今を楽しむ」というのは、趣味に生きたり、子どもとの時間を大切にしたり、ということを意味します。

「成長すること」を優先している人は、将来のための勉強、人脈づくりなどを、そんなに楽しくなくてもやっていると思います。

「成長すること」は、先のことにフォーカスしているのに対して、「今を楽しむ」というのは、まさに「今できること」を大切にしている状態です。

ここで一つ、お話ししておきたいのは、この本では、「30代」にとって大切なことを提言していくわけですが、何がよくて、何がダメだと決めるつけることはしません。

それを決めるのは著者の僕ではなく、あなただからです。

人の生き方は、それぞれです。自分がいいと思う生き方をするのが、一番です。

ただし、そのためのガイドはいたほうがいいと思いませんか？

僕は自分の「30代」を振り返って、そういうガイドがいたらどれだけ助かったかなぁ、と思っています。

それで今、こうして、この本を書いているわけです。

「成長すること」を優先するのも有りなら、「今を楽しむこと」を優先するのも有りです。それ以外のことも、もちろんあるでしょう。どれがよくて、どれがダメだということはありません。

自分が本当にしたいことを優先してみましょう。

ただし、いま本当にやりたいことをすればいいだけだと言われても、それができていない、そもそもそれがなんだかわからない人が多いかもしれません。

「やりたいことがあっても、生活のために働かなければならない」

たいていの人が、そう思って、本当にやりたいことではないことをしています。

あなたも、そうではありませんか？

でも、そういう考え方で毎日が忙殺されていたとしたら、その先に幸せで楽しい人生が待っているでしょうか？

どこかで切り替えないと、永遠にTO DOリストに追いかけまわされる人生から出られないでしょう。

□自分で決めた優先順位で生きる

「生活のために働かなくてはならない」

自分のやりたいことは脇に置いて、毎日、仕事をする人生をいつまで続けますか？

その仕事が好きなことなら、まだ救われますが、本当はイヤなことだったら、人生は楽しいどころか、つらい、苦しいだけの時間になってしまいます。

「30代」になれば、少しぐらいの貯金はあると思うのです。

たとえば10万円、20万円の貯金があったら、半月とか1ヵ月は、その貯金で暮らせるでしょう。もう少しあれば、もっと時間は増えるはず。

以前に職場の人間関係で悩んでいる人の相談に乗ったことがあったのですが、あまりにもつらそうなので、「いっそ、いったん仕事を辞めてみるのも一つの手ですよ」という話をしました。

そこで、「いま仕事を辞めたら、どれくらいなら働かないでやっていけますか?」と聞いてみると、「10年くらい」という答えが返ってきて、思わず「さっさと、やめてもいいのになぁ」と本音が出そうになったことがありました。

でも、その女性は真剣に、「それでも仕事は辞められない」と悩んでいたのです。

そして、じつは、たいていの人が、彼女と同じような状況で、自分が本当にやりたいことを後まわしにしています。逆に言うと、「自分がやりたくないことを優先して、未来の安全のために生きている」のです。

10年は無理だとしても、半年や1年暮らしていける程度の貯金があるにもかかわらず、仕事を辞められないのは、安心が欲しいからです。

万が一のことを考えて、今はとにかく仕事を優先しているわけです。それは、自分の楽しみや喜びよりも、未来の安心、安定を大事にしているということです。

『DIE WITH ZERO——人生が豊かになりすぎる究極のルール』(ダイヤモンド社)という本があるのですが、翻訳本の帯には大きく「ゼロで死ね」と書かれています。

簡単に言えば、「死ぬときにお金をゼロにするぐらいにしないと、膨大《ぼうだい》な時間を損したことになりますよ」という話です。

たとえば、年収500万円だった人が、1000万円の貯金を残して死んだとすれば、その1000万円は稼がなくても済んだわけです。年収からは税金などを引かれますから、1000万円というのは、その人のおよそ3年分の仕事に値《あたい》します。

つまり、3年早くリタイアしてもよかったということです。そうすれば、死ぬときにちょうど貯金額がゼロになったはずです。

好きな仕事ならともかく、嫌いな仕事をしていたとしたら、3年分を損したことになる——「ゼロで死ね」とは、そういう意味です。

不安や心配から、お金を貯めすぎないようにしましょう。

本当にやりたいことは、今から少しずつでいいので、やり始めてください。

お金がかかるとか、そんなことを考えていては、何のための人生かわかりません。

人生は、安全ゲームに勝つためのものではありません。

途中のドキドキが人生なのです。

□自分の時間をどう振り分けていくか

人生を仮に80年とすれば、約70万時間になります。

この70万時間を、何に振り分けていくかが、あなたの人生をつくります。

たとえば僕は50代ですが、この15年くらいはライフワークモード全開になっています。

けれども、30代のときは、子どもが生まれてセミリタイアしたこともあって、今になって思えば、ゆったりしていました。

だから、「天気がいいから、ちょっと出かけよう」と思い立ってから荷造りをして、1日2日どころか、1週間くらいの旅行をすることも、普通にしていました。

スマホやSNSが普及して、リモートワークが増えた今では、それほど特別なことには思わない人もいるかもしれませんが、ケータイやインターネットがようやく広まり始めた当時の日本では、とてもめずらしかったと思います。

今は自分の好きなように生きやすい時代になりました。

住む場所や働く時間を自分で決められる人も増えています。まだまだ制限が多いかもしれませんが、これからは、さらに自由になっていくでしょう。

そうであればなおさら、自分の時間をどう振り分けるかが大事になってきます。

「30代」では何をするのか。

「40代」「50代」は、イメージが見えていますか？

何も考えておかないと、目の前のことをするだけで、あっというまに時間が過ぎてしまいます。振り返ったら、「仕事しかなかった」「子育てしかなかった」「介護のことだけで精一杯だった」となるわけです。

それが自分で決めた優先順位ならいいのですが、家族や会社、社会に求められるような優先順位で生きてしまうと、後悔が残ります。

自分の時間を、会社や家族に「とられた」と感じてしまうからです。

そうならないためには、自分なりの「人生設計」を始めましょう。

たとえば、「20代」は世界中を旅するなどして、経験を増やすことを優先する。
「30代」は子育てを優先して、子どもとの時間、家族の時間を楽しむ。
「40代」「50代」は仕事を優先して、「60代」は地域活動など、社会に貢献する。
「70代」「80代」で現役であれば、それこそ自分のしたいことを最優先するとすれば、まだまだ人生は楽しそうです。

でも、ほとんどの人たちは、「そんなのは理想です」といって、ダラダラ仕事をしてしまいがちです。安心料を稼ぐため、あるいはそれを貯めるために、やりたくないことを自分に強《し》いてしまうのです。お金をいくら稼いでも足りないように感じて、ただただ働くこと、貯めることに忙しくなってしまいます。

これから、いくら必要で、そのお金をいつ、どこで稼ぐのかを考えてみましょう。

人によっては、案外、お金はそれほど必要でないことに気づくかもしれません。

実際に、仕事を忙しくして収入を増やすよりも、家族と自然の中で暮らすこと選択をする人も増えています。

〔4〕

家族について考える

□自分の家族を持つかどうか考える

「家族」について考えるときに、「20代」と「30代」との大きな違いは、自分の家族を持つかどうかではないでしょうか。

「自分でつくる家族」とは、自分がパートナーとともに築いていく「家族」です。結婚するしない、子どもを持つ持たない、それ以前に、パートナーシップを持つかどうかで、人生は全然違うものになります。そこを考えなくてはいけないのが「30代」です。

それまでの家族といえば、親や兄弟姉妹を中心とした「自分が生まれ育った家族」のことではないでしょうか。30代からは、もう一つの家族の可能性が出てきます。

もちろん、自分の新しい家族をつくっていくからといって、それまでの家族がなくなるわけではありません。

30代の人の親は、「60代」の人が多いと思います。まだ元気な年代だし、兄弟姉妹も、自分の家族を持っていないかもしれません。その意味では、「自分が生まれ育った家族」との関わりが大きいという人も多いでしょう。

それと並行して、「自分でつくる家族」をどうしていくのか――。

とくに女性にとっては、子どもを産む、産まないについて、30代のうちにどうするか、決断を迫られているような気持ちになる人もいるでしょう。

いまは40代を過ぎてから、子どもを産み、育てている人も多くいます。「30代」だからといって焦る必要はないとも言えますが、年齢が上がれば、身体的なリスクがあることも否定できません。

また、子どもを産むことを決断したからといって、すぐに子どもが来てくれるとは限りません。それについて悩んでいるという人もいるのではないでしょうか。

自分でつくる家族は、たとえてみれば、人生の新しいユニットを組むようなものです。どんな人とパートナーシップを組むのか、子どもを持つのか持たないのかで、その後の人生の様相は大きく変わっていきます。

そのことをわかっていても、仕事や、もともと生まれ育った家族の介護などで、「それどころじゃない」という人もいるでしょう。

自分の家族を持たなければならない、というわけではありません。

人生における選択は、何がいい悪いではないのです。

でも、なんとなく決めなければ、家族を持たないという決断をしているのと同じです。知らないあいだに、チャンスを逃しているということも、今のうちに理解しておいてもらいたいのです。

シングルの50代、60代に聞くと、必ずしも独身主義者ではないようです。たまたま出会いがなかったから、ずっとシングルのままだったと言うのです。その割には、探す努力をしなかった人が大半です。

家族を持つ、持たないというのは、いわば、一人旅でいくか、団体旅行でいくかというようなものです。

一人だから楽しめることもあれば、団体だから楽しめることもあります。どちらの楽しさを選択するのか。それが、自分の家族を持つかどうかの判断基準になるでしょう。

□家族にかける時間とエネルギー

家族は、うまくいくと幸せの源になります。ですが、どんなにエネルギーを使っても、底の抜けたバケツで水をくむような虚《むな》しさを感じさせられることも起きます。

たとえば、父親、母親に呼ばれて、有休をとって飛行機で実家に戻り、親の言うまま、棚をつけたり、車椅子が玄関から入りやすくしてあげたとしましょう。なのに、返ってきたのは「やっぱり素人《しろうと》ではダメね」だったり、「これなら元のほうがよかった」という言葉で、もうがっくりきてしまったりするのです。

他人なら、内心では「あまりよくない」と思っても、とりあえずお礼を言うのが普通です。でも親や子ども、兄弟姉妹となると、遠慮なく本音をぶつけてしまうのです。

好意でしたことも、あっけなく全否定されて、「二度と来てやるものか」という気持ちになったりします。あなたにも、そういう経験があるかもしれません。

そもそも、どうして親から呼ばれて飛んでいったかといえば、地元を離れて親孝行できない贖罪《しょくざい》の気持ちからでしょう。それだけ家族には、罪悪感を持ちやすいのです。

でも、罪悪感を持っているのは、あなただけではありません。老親のほうでも、「苦労をかけた」「お荷物になっている」という罪悪感というような、申し訳ない気持ちがあります。

それがからみ合って、感情のもつれが生まれ、火花が散るのです。

親孝行ができていない罪悪感にたぐり寄せられるように、実家に近づいたとたんに、バチバチッと感電するわけです。

親孝行がうまくできたときは、気持ちがいいものです。親が喜んでくれることが、自分の喜びになるわけですが、それも束《つか》の間《ま》。突然、水をかけられるような言葉が飛んできて、喜びの縁《ふち》から突き落とされることもよくあります。

家族に対してエネルギーをかけても、報《むく》われないことはよくあります。なので、エネルギーをかければかけるほど、感謝もされないことに不満を感じてしまうものです。

逆の立場になれば、わかりやすいかもしれません。

親や兄弟姉妹が、自分のためにしてくれたことに、最初は感謝していたことも、それがあたりまえのように思ってしまうこともあります。

心の中では感謝していても、相手が家族だと照れて、感謝の気持ちを言葉にできないこともあります。相手から見ると「ありがとうの一言もない」となるわけです。そのときに、「こんなに犠牲を払っているのに」と思ってしまうと、不満がたまるばかりです。

ときにはそれが将来の家族関係に、禍根《かこん》を残すようなことにもなります。

親や兄弟姉妹と、どれくらいの距離を保ち、時間とエネルギーをかけるのか。そのことを「30代」の今、考えておきましょう。

理想を言えば、家族のために何かやってあげるときは、感謝を期待しないことです。「これくらいは当然のこと」「あたりまえのことをしているだけ」と思って、自分が普通にできることだけをやると、気持ちは楽になります。

家族は、あなたが幸せになる道を歩むうえでの「先生」だと考えると、少しは気が楽になるかもしれません。実際、家族は、「愛」とは何か、「与える」とは何かを身をもって教えてくれる存在なのです。

□ 家族間で引き出される感情とは?

家族とのあいだで引き出される感情には、ポジティブ、ネガティブの両方があります。ポジティブな感情とは、「感謝」「幸せ」「喜び」「充足感」などで、家族としての深いつながりを感じることができると思います。

たとえば正月に実家に帰って、こたつで寝転がっているとき、隣で父親が新聞を読んでいたり、母親がお茶を飲んでいたり、互いに言葉を交《か》わすわけでもないのに、なぜか、しみじみと感謝と幸せを感じることがあります。そういう感情です。

それとは逆の感情――「怒り」「絶望」「憎しみ」「嫉妬」「競争」「恨《うら》み」といったネガティブなものをあぶり出してくれる家族もいます。それらは、たいていは突然にそうなるということではなく、小さい頃からの蓄積によってあぶり出されるものです。

兄弟で、「いつも弟ばかり、いい思いをしている」「兄には何をしても負けてた」という感情があると、親の介護や相続問題のときに、揉《も》める原因になります。果ては、連絡し合うこともなくなり、家族断絶状態になることもあります。これまでの不平不満が、何十年も蓄積されて、あるとき爆発して、修復不可能となってしまうわけです。

そのようなダークサイドの感情というのは、自分が生まれ育った元の家族に出ることもあるし、自分が新しくつくった家族に対して出ることもあります。後者の場合には、離婚してしまう、という人もいるでしょう。

「20代」よりも、「30代」になってあぶり出されることが多いのは、結婚したり、あるいは介護しなければならない状況になったり、「家族」で向き合う機会が増えるためです。

もちろん、会う機会が増えて愛情もいっぱい出てきて、絆《きずな》を深められる人もいます。

親とのいい思い出の大半が30代になってできる家族もたくさんいます。

ただ、愛憎劇が、30代にはより激化しやすいということを覚えておきましょう。そうしないと、何度も感電して、「もうイヤだ！」となりかねません。

□家族は、人間、社会について学べる生の教材

もともとの家族を選ぶことはできません。スピリチュアルな人は、生まれる前から選んでいたと考えるようですが、少なくとも普通の人に、その実感はあまりないと思います。自分で望んだわけではないのに、強制的に家族にさせられたという感覚のほうがあるのではないでしょうか。

「どうして、そんなことを言うのか」「どうして、こんなことをするのか」――自分では理解できない人たちを、家族という、もっとも近い場所から見ることになるわけです。それこそ、目を背《そむ》けたくなるような思いをする人もいるでしょう。

社会に出ると、そういう人には滅多に会いません。「社会」という場では、人は誰でも、いい顔をしようとします。リアルな嫉妬や怒り、憎しみを出すのは家族の前だけ、という

人が多いので、家族であるがゆえに「信じられない言動」になるわけです。

でも、逆にいえば、社会ではあまり見られないような、真実の愛というものを感じさせてくれるのも、やはり家族です。

ホームドラマで、たとえば妹をこっそり陰から見守る兄がいたり、口では厳しいことを言いながら、じつは父親を尊敬している母親がいたりして、「家族」の絆に感動することがあるでしょう。それはなにも、ドラマだけのことではないわけです。

むしろリアルにそれを感じさせてくれるのが家族の存在であり、ドラマに共感できるのも、自分にも同じような体験があるからではないでしょうか。

そうした感情は、残念ながら、仕事関係や、普通の友達関係では、そこまで深まることはありません。よくも悪くも、それほどまでには感情が激化しないので、深い感情が出てこないのです。

家族の崩壊とまではいかなくても、疎遠になることは、案外、起きやすいと思います。

そうなってしまったときの一番の問題は、家族と離れることで、自分の感情からも切り離されてしまうことがあるということです。

無感覚で生きると、情熱が湧きません。あなたのワクワクすること、恋愛も、すべて情熱のエネルギーです。それが使えないと、とても退屈な人生になってしまうのです。「家族とつながれない」「自分の感情とつながれない」「情熱をくみ出せない」という構図が見えてきたでしょうか。

自分の新しい家族をつくったときには、自分の父親や母親が子育てしていたときの気持ちを追体験することになります。

「30代」は、当時の親の体験を追いかけていく年代ともいえます。年齢を重ねて、自分の親の気持ちや苦労が初めてわかる、ということがあります。それこそ、「20代」では理解できなかったことが、「30代」になって理解できるようになるのです。

両親が自分と同い年のときに、自分が生まれたのかと考えると、「意外と若かったんだな」「相当、大変だっただろうな」ということが想像できると思います。

義理の両親（あなたから見たら祖父母）と同居した母の心境は、同い年ぐらいになって、初めてわかったりするでしょう。

その意味でも、「30代」は、元の家族と向き合うチャンスの10年なのです。

〔5〕

両親、兄弟姉妹と
つながり直す

□ 親にも「30代」の時代があったことを思い出す

小さい頃、あなたはどんな子どもでしたか？

人生で、自分の子どもの頃のことをいちばん考えるのが、じつは「10代」と「30代」だといわれています。

「10代」というのは具体的には、10代の後半、大人になる直前に、これまでの自分について考えるからでしょう。

次いで「30代」が多いのは、自分自身の子どもを持つことで、あるいは子どもを持つかどうか考えることで、自分が生まれ育った家族のことに思いを馳《は》せるからです。

「40代」になると、親が亡くなっている人も多くなります。

その意味で、自分の子どもの頃のことを思い、当時のことを、誰よりも知っている親や兄弟姉妹と直接話ができる年代といえば、「30代」がラストチャンスになる可能性があります。

前の章でも少しお話しした通り、「30代」になると、両親のことが以前よりも理解できるようになります。想像しにくいと思いますが、いまは60代、70代になった親にも、30代の頃はあったのです。

たとえば親が、いまの自分と同じ年齢のときには何をしていたか、考えてみてください。すでにあなたや、あなたの兄弟姉妹はもう生まれていたかもしれません。

当時の経済状態はどうだったでしょうか。どんな生活をしていたでしょうか。

事業を起こしたばかりの頃だった、という人もいるかもしれません。

毎晩、父親の帰りが遅くて、夕ご飯を一緒に食べることはほとんどなかった、という人もいるでしょう。

祖父母と暮らしていて、母は苦労していた、ということを思い出すかもしれません。

今の自分と比べてみると、似ているところがあったり、「自分よりもっと大変だっただろうなぁ」と思ったりするでしょう。

まだ若かったのに、自分たちを育てるためにがんばってくれていたことにも、あらためて気づくかもしれません。

浮気したり、離婚話が持ち上がったり、リストラにあったり、父には父の、母には母の人生の断片を思い出すこともあるでしょう。

つらいことだけでなく、嬉《うれ》しいことも、もちろんあると思います。

子どもと楽しく誕生日を祝ったり、父の日、母の日にプレゼントを子どものあなたから贈られて泣きじゃくった親の顔を思い出すこともあるでしょう。

あなた自身が親になった（あるいは同年代となった）今なら、当時の親の気持ちが、よくわかるのではないでしょうか。そして、もしも目の前に当時の両親がいたら、自分と同じ世代の友達のように、いろいろなことを話せるのではありませんか？

「あのときはよくがんばったね。えらかったよ」

「あれは、もう少しがんばれたんじゃないの？」

そんなふうに話ができる人たちだったと認識できるようになるのが、「30代」です。

まだ、両親が健在なら、一度そういう視点で語りかけてみてはどうでしょうか？

□ 兄弟姉妹とつながり直す

大人になってからの兄弟姉妹との関係は、二極化するといってもいいでしょう。親友のように、いつも連絡を取り合って仲がいいという人もいれば、もう10年以上、話もしていなければ、どこに住んでいるのかすら知らないという人もいます。

親が元気なうちは、それでも別に困ることはないわけです。

けれども、ひとたび親が倒れたりしたときには、イヤでも兄弟姉妹との連携が必要になってきます。「30代」では、すぐにその必要がなくても、「40代」になれば、その可能性は上がっていきます。それに備えて、兄弟姉妹とも、いざというときに話ができるようにしておきたいものです。

そうでないと、こんど顔を合わせるのは、相続の場面になってしまうかもしれません。

そうならないためにも、今のうちに兄弟姉妹とつながり直しておく、ということが大事だと思います。

「兄弟姉妹とつながり直す」というのは、言ってみれば「他流試合」です。

学校を卒業してから、プライベートでは、基本的には自分の好きな人としか関わらなくてよくなっているはずです。

職場ではイヤな人ともつき合わなければなりませんが、仕事以外で親しくつき合うのは、気の合った人たちだけではないでしょうか。

でも、家族というのは他流試合のようなもので、同じクラスにいたら絶対に友達にはならないタイプの人が、兄弟姉妹になることもあるわけです。

「弟なんて生まれてこなければよかったのに」「この人が姉だと思うと恥ずかしい」「いっそ死んでくれないかな」とまで思う人もいます。

『20代』でも書いたことですが、兄弟姉妹との人間関係が、自分の生き方につながっていきます。「30代」のうちに、兄弟姉妹とつながり直すことを、ぜひやっておいてください。

なぜ、それが必要かといえば、たとえば相続の場面を想像してみてください。

兄弟姉妹であるからこそ、積年の恨みつらみが出てくるものです。

「お兄ちゃんはいつも親にひいきされて、海外留学までしたのに、自分はしていない」

「妹は、親が倒れたときも、見舞いにも来なかった」

小さい頃のことから最近のことまで、よくそこまで覚えていたなと思うほどのことまで持ち出されて、文字通りの「骨肉《こつにく》の争い」になっていくこともあります。

人は、自分のやり方とは違う人に出会ったときに、相手に対して、浅ましさや卑《いや》しさを感じることがあります。「こんなひどい人に会ったことがない」となると、それによって、自分の中の怒りや憎しみ、暴力性といったものが引き出されることになります。

そして、それを引き出すのが、両親、パートナーに次いで、兄弟姉妹であることが多いのです。他人であれば、そこまでの感情は引き出されません。

日本では、暴力犯罪の多くが、3親等以内の家族間で起きています。感情というのは、一旦もつれると、殺意にまでエスカレートしてしまうことがあります。

家族だから起きる感情の不思議さとも言えますが、自分という人間の中に、「家族のためなら何でもしたい」と思うような、マザー・テレサのような自分と、「こんな家族に生まれたことを心底恨んでいる」という、鬼のような自分が同居しているのです。

最高の愛情を持ちながらも、犠牲感から最悪な敵意も出てくる。それが家族であり、そのつながりがいちばん濃いのが「30代」と言えるでしょう。

「50代」「60代」になると、兄弟姉妹と仲良くしていたとしても、親たちもいなくなって、「30代」のときほどには、つながりも減っていきます。

自分の子育て、介護など、家族のストレスが一気に凝縮するのが「30代」です。

そう考えると、家族に対しての憎しみも感謝も愛も、濃い時代が「30代」から「40代」にかけてだということです。

「兄弟姉妹とつながり直す」というのは、「それを楽しんでください」というメッセージでもあります。

あなたの子ども時代をもっともよく知っているのが、兄弟姉妹です。一人っ子にはない贅沢《ぜいたく》を味わってください。

□自分の家族とのあいだに、平和をつくる

自分の家族と心穏《おだ》やかな関係を持っている人とそうでない人では、ふだんの心の安定度が違ってきます。

僕には姉と弟がいますが、それぞれ結婚しているので、義理の関係も含めれば、兄弟姉妹の全員がいることになります。

今この世界は平和であるという感覚が強いのですが、そう思えるのは、兄弟姉妹たちと、とてもいい関係が築けていることが大きいと思っています。

たとえば、もしもこの先で、僕が困った状況になったとしたら、妻や娘、妻の兄弟も含む兄弟姉妹、つまり家族みんなが、全面的に応援してくれると感じています。命がけで、僕を守ってくれるのではないかと思います。

そして、もちろん家族のためなら、僕も同じことをするつもりです。世界中どこにいても、彼らのためなら、駆《か》けつけます。そう考えられるのは本当に幸せなことだと思います。そのおかげで、日常的に、根拠のない安心感が、そこにはあります。

お金持ちになったり、社会的に成功するよりも、家族との絆があるほうが、よほど幸せなことではないでしょうか。

でも、自分に最初からそれがあったかというと、そんなことはありません。

家族とのあいだに平和をつくるためには、家族だからこそ生まれる怒りや憤《いきどお》り、犠牲感、抵抗感や違和感といったものを、一つずつ癒《い》やしていかなければなりません。

過去を受けとめられない人には、それができません。父親、母親が許せない、兄弟姉妹が許せない、過去の自分が許せないという人は、未来も信頼できなくなります。

自分を癒やし、家族とつながるには、まず過去を受け入れることです。

どんな家族にも、わだかまりがあるものです。

話したくない人がいたり、話したくないことがあったりしても、自分の中でそれを解くことで、初めて家族と平安でいられるようになるのです。

それは、あなたが、「この世界でどう生きたいのか」に関係してきます。

家族と平和なんて持たなくても、普通に生活することはできます。

兄弟姉妹と音信不通になって、何年もたつ人がいます。

なんとなく気になっていても、それ自体が大きな問題だと思っていないかもしれません。

でも、それでは、喉《のど》に魚の骨が刺さったまま生きていくようなものです。

忙しい今の生活で、疎遠になっていた兄弟姉妹と連絡を取り合うのは、面倒に感じるでしょう。でも、今のうちにやっておかないと、本当に他人になってしまいます。

人生を心穏やかに生きたければ、今の家族関係を見直すことから始めましょう。

もちろん、家族と関わらないほうが心穏やかに生きられると感じている人もいるでしょう。実際に、毒親、毒兄弟姉妹というのはいます。そういう人とは、一定の距離を取らざるを得ないし、そのほうがあなたの心の健康にとってはいいのかもしれません。

でも、なんとなく疎遠になって、しばらく連絡していないというだけなら、気軽にメールか電話してみることをオススメします。そういうちょっとしたことから、素晴らしく、愛のある関係が再び始まるのです。

〔6〕

感情を味方につける

□感情には「プラス」と「マイナス」がある

「20代」は、学生から社会人となって、がむしゃらに突っ走るうちに終わってしまったと感じている人も多いでしょう。

時には不満や怒りを感じることはあっても、それと向き合っているヒマはなかったかもしれません。ようやく「30代」になって、少し精神的な余裕が出てきたと言いたいところですが、20代のときよりも、逆にイライラすることが多くなった、という人も少なくないのではないでしょうか。

それには、もちろん理由があります。

「感情」は、「プラスの感情」と「マイナスの感情」の二つに分けることができます。

「プラスの感情」は、「嬉しい」「楽しい」「好きだ」「ワクワクする」といったポジティブなものです。「マイナスの感情」は、「イライラする」「ムカつく」「嫌い」「つらい」といったネガティブなものです。

誰にも、「プラスの感情」があり、「マイナスの感情」があります。

いま「プラスの感情」で満たされていたのに、次の瞬間、「マイナスの感情」に取って代わることもあれば、その逆もあります。

でも20代という年代では、それを意識することは、あまりなかったかもしれません。

感情は流れていくものです。喜びや苦痛をそのつど感じながらも、ともかく前に進むことが優先されていたからです。

マイナスの感情は、自分の中で抑圧《よくあつ》して、見て見ぬ振りで20代を過ごしてきたのです。

そうして抑《おさ》え込んできた感情に追いつかれてしまう、というのが、「30代」を迎えたあなたに起こりやすい一つの特徴です。

なぜ、そうなるかといえば、20代のネガティブな感情というのは、たとえば「自分はイケてない」とか、一人の男性として、あるいは女性として「価値がない」というような、自分だけに向けたものが多いのです。いわば自分だけの問題ですから、ちょっとしたことで自信が持てたり、プラスの感情が湧いてくるような出来事があったりすれば、立ちどころにネガティブな感情など吹き飛ばしてしまうことができたわけです。

では30代はどうかというと、家族関係が変わったり、職場での人間関係が複雑になったりすることで、自分だけではどうしようもない、ということが多くなっていきます。それが絶望につながって、ときにうつになって、普通に生活することが難しくなることがあります。

30代の女性は、うつになりやすい傾向があるといわれるのですが、それだけ、家族や会社の犠牲になるような状況に追い込まれやすい、ということです。

ある女性は、子どもが生まれて仕事を辞めたのですが、「今の自分には、自分の自由になる時間もなければ、お金もない」ということを冗談交じりに語ってくれました。

実際には、時間だって、お金のことだって、まったくないと言うほどではないはずですが、そこまで追い込まれているということです。

そういうときに家族なり友人なり、周囲のサポートが必要なのですが、「誰も自分を理解してくれない」と決めつけてしまうと、本当は相手も手を差し伸べてくれているのに、自分からそれをはね除《の》けてしまうことがあります。

そうならないために、感情には「プラス」と「マイナス」の感情があるということを理解しておきましょう。

ここで大切なことは、必ずしも「プラスの感情」がよくて、「マイナスの感情」はよくないものだと決めつけないことです。

僕はこれまで、「感情が人生を動かす」というテーマで講演したり、本も書いてきました。この章でも、それについて、あらためてお話ししたいと思うのですが、どういう感情が人を動かすかといえば、それは人によってそれぞれです。

「プラスの感情」が行動のモチベーションになることもあれば、「マイナスの感情」が飛躍《ひやく》のきっかけになることもあります。むしろ後者のほうが多いかもしれない、と思うほどです。

これを機会に、自分がどういう感情で動くのか、逆にどんな感情が出てくると、フリーズして止まってしまうのか、調べてみましょう。

□フレーズから自分の感情を見つける

「感情について、そこまで深く考えたことはなかった」という人も多いでしょう。考えてみたら、「ちょっと怖くなった」という人もいるかもしれません。

けれども、「感情」を怖《おそ》れる必要はありません。

何か行動を起こすというとき、プラスの感情はもちろん、マイナスの感情もまた、あなたの背中をポンと押してくれるような勇気ときっかけをくれます。

そう、「感情」を味方につけることで、これからの人生が大きく変わっていくのです。

味方にするには、そのことを意識する必要があります。

ここで、左に「感情のフレーズ」をあげてみます。

自分の気持ちに合うフレーズを見つけられると、より認識しやすくなります。自分だけでなく、自分以外の人の気持ちに寄り添うときにも参考にしてください。

大切なのは、どんな感情も受け入れることです。

たとえば「嫉妬」を感じたのなら、「ああ、自分は嫉妬していたのか」と思って、そんな自分に「よしよし」とＯＫを出すことです。

【感情のフレーズ】（参考資料「Plutchicの感情の輪」）

- □ 嬉しい、喜び
- □ 楽しい
- □ 好き
- □ ワクワクする
- □ リラックス
- □ 安心
- □ 愛おしい、愛情
- □ 優しさ、愛
- □ 信頼する
- □ 驚き
- □ イライラする
- □ 腹が立つ、怒り
- □ ムカつく
- □ 悲しい
- □ 寂しい
- □ 泣きたい
- □ 落ち込む
- □ ガッカリする
- □ 嫌い、嫌われている
- □ 嫉妬
- □ 羨《うらや》ましい
- □ 自己嫌悪
- □ むなしい
- □ せつない
- □ つらい
- □ 苦しい
- □ モヤモヤする
- □ 憎い
- □ 許せない
- □ 心配
- □ 怖い
- □ 恥ずかしい

□ネガティブな感情でも人生は動き出す

ちょっと扱いづらいのは、「マイナスの感情」です。

たとえば、「嫌い」「イライラする」「ムカつく」というような感情は、「持ってはいけない」「表現してはいけない」というのが、一般的な「常識」です。

「マイナスの感情」を、もっと別な言葉で表すならば、「嫉妬」や「競争」「無価値感」「絶望感」「憎しみ」「殺意」というものがありますが、これらもすべて「感情」です。

「自分が大切にされていない」

「自分の生存に関わる問題が起きた」

そうした状況に追い込まれたとき、少なくとも自分がそう感じたときに、ネガティブな感情が一気に吹き出すわけです。

たとえば結婚していて、自分のパートナーに、別のパートナーが現れたというとき。いわゆる不倫発覚、という状況です。なぜ、マイナスの感情がドッと出てしまうかというと、「このままでは自分は捨てられる」「バカにされた」と思うからです。

そう思った時点で、サバイバル本能がオンになるために、それこそ自分を見失うほど、自分のパートナーに対して、あるいは自分のパートナーを奪《うば》おうとしている相手に対して、殺意を抱くほどになる、というのは2時間ドラマになりがちです。

夫婦の問題だけでなく、たとえば家族関係、ビジネスや地域活動の場でも、たとえば経済的な違いや不公平感から、相手に対して怒りや憎しみを感じることはあります。

その感情を一言で表すならば、他者に対して「ズルい」と思うことです。

「自分は親の介護をしているのに、お兄ちゃんは何もしていない」

「同じ仕事をしているのに、あの人の報酬のほうが高い」

「自分たちばかり冷遇されている」

そういうふうなときに、20代では体験したことのないような怒り、憎しみ、そして場合によっては殺意さえ生まれてしまうのです。

「感情」というより「激情」となって、そうなると自分では止められないレベルまで達して、風船がパンと破れるように、その激情を爆発させてしまうことがあるのです。

周囲の人たちからすれば、「大人げない」「八つ当たり」で、あなたにとっては不当な評価が下されることもあるでしょう。

シチュエーションによっては、一生を棒に振るような、そんな事態を招きかねません。

「30代」はそういう危険な年代でもあることを知っておくことです。

ポジティブな感情であれ、ネガティブな感情であれ、それは「人生のガソリン」です。

無感覚、無感動では、前に進むガソリンにはなりません。

たとえネガティブな感情でも、「あいつを見返してやる」「コンチクショー」と思って、行動できるということもあるわけです。

もちろん、「あの人に感謝したい」「あの人に喜んでもらいたい」と思って、それをガソリンにすることもできます。

あなたは、どちらのガソリンを使って、人生を動かしていきますか？

□ あなたを動かすエネルギーは？

日常的に自分が、「どういうエネルギーで生きているのか」を見ておくことも大切です。

たとえば、「誰かのために何かをしてあげたい」という「貢献」のエネルギーで動く人もいれば、もっと切実に、「生活のためだから仕方がない」「やらないとクビになる」という「義務」のエネルギーで動く人もいます。

「なんだか面白そう！」という「好奇心」のエネルギーで動く人たちもいます。

あるいは、「誰かを見返したい」という「復讐」のエネルギーで動く人もいます。

「怒り」のエネルギーを原動力にする人もいれば、「感謝」のエネルギーを原動力にする人もいます。

自分を動かしているエネルギーは何なのかを自分自身でチェックしておきましょう。

何がいい、何が悪いということはありません。

あくまでも自分が、どういうエネルギーで生きているのか、ということです。

逆に言えば、何をエネルギー源として生きているのでしょうか。

褒《ほ》められて伸びる人もいれば、ダメだと言われたことで心に火がつく人もいます。

人によって、行動する原動力は全然違います。

「これをやったら認めてもらえる」

「誰かの役に立てる」

「これをやったら得をする」

「これをやったら楽しい」

そんなポジティブな思いが、行動を起こさせるのです。

逆に、行動を止めるエネルギーもあります。

たとえば、今の自分に満足してしまうと、行動する気が失《う》せます。

「ああ、幸せだな」

「なんて有り難いんだろう」

幸せ感、満足感、感謝というのは、それを感じるのは素晴らしいことですが、「もう充分」という気持ちになって、よりよくなるための行動をストップさせてしまいます。「30代」ですべてに満足して、「人生は感謝するばかり」というような境地に入ると、無風な場所に行くことになります。

中途半端にポジティブなエネルギーは、その人を止めてしまいます。

一方で、「今の自分を許せない」「自分が大嫌いだから、頑張ってみる」という感情は、じつは行動につながっていくものです。

「毎日が満ち足りて過ごせたら、どんな素晴らしいだろう」と思うかもしれません。そうなっていない自分を不甲斐《ふがい》なく思うときもあるでしょう。

けれども、そんな自分だからこそ、次の行動を起こすことができるということもあるわけです。30代の人生で大切なのは、満ち足りることより、行動することです。

それが、10年先、20年先の大きな幸せ感につながっていくはずです。

ときには悔しさをバネにするぐらいのほうが、あとあと楽しくてワクワクするような人生になるのです。

〔7〕

自分の取扱説明書をつくる

□自分にとって快適な空間とは？

いま、あなたがいる場所は、あなたにとって快適ですか？

「快適です」という人は、どちらかというと少数派でしょう。

「悪くはないけど、快適と言えるほどじゃない」「快適なときもあるけど、居場所がない感じだ」という人のほうが多いと思います。

そもそも、自分にとっての「快適な空間」と言われても、「よくわからない」という人もいるかもしれません。

「快適な空間」とは、そこにいて、しっくりする感覚、楽しい感覚がある場所です。そこにいるだけで落ち着いて、リラックスできるような場所を、あなたは持っていますか？

多くの人は、職場にも自宅にもくつろげるような場所がなく、なんとなく自宅に帰る途中にカフェに寄ったり、バーに寄ったりしているのではないでしょうか。

少し贅沢かもしれませんが、ホテルのロビーやカフェでお茶するなら、そんなに大金がかかるわけではありません。自分の気に入った場所を持っているのは、心の余裕を持つうえでも大事なことです。

今の僕には家が数軒あって、それぞれに自分のデザインした書斎がありますが、30代に作家として執筆を始めた頃は、ファミレスか自宅のキッチンテーブルで原稿を書いていました。その頃から、自分のスペースが欲しいなと思い始め、自分専用の家具や椅子《いす》を買ったりしました。それが書斎づくりに発展していったわけですが、お気に入りの家具に囲まれた空間で執筆すると、時間を忘れるぐらい集中でき、まさにそれは至福の時です。

自分にとっての「快適な空間」を知っておくことは大切です。

「30代」のうちは、自分の理想の空間をつくることはほぼできないと思います。なので今のうちから、自分の理想の空間とは何かを考え始めましょう。

いずれ、自分がそこにいるだけで幸せな場所を見つけましょう。ふだん働く場所や、家族との住居を少しでも快適にすることは、あなたの幸せにつながります。

□ 感性は、人によって全然違うことを知る

「感性」というのは、人によって全然違います。そんな当たり前のことも理解できるようになるのは、「30代」になってからだと思います。

「20代」では、頭では理解していても、それを実感として理解できないものです。

たとえば20代であれば、自分とは考え方が違う人に対して、「この人、あり得ない！」というような表現を使うことがあります。

でも、「あり得ない人」などはいません。ただ自分とは「違う」だけなんです。

人に対してイライラするのは、相手が自分と同じように感じることを期待するからです。

「なんでそうなるの？」と思って、「許せない」気持ちが湧いてくるのです。

でも、「人は自分とは違うのだ」ということがわかっていたら、どうでしょうか。

考え方も、感じ方も、自分とは違う。そう思えば、そこまでイライラすることもなくなるはずです。

イライラとは違いますが、アメリカの出版社の人たちと会ったときに、驚くような体験をしました。

ニューヨークで打ち合わせがあって、終わったのが夕方6時くらいだったのですが、日本の出版社の人だったら、「このあと食事に行きませんか」と誘ってくださるのが普通の流れです。日本からニューヨークまで来たわけですから、「お疲れ様でした!」と、どこかいい店でも予約してくれているのかなと、勝手に期待していました。

ところが、エレベーターまで来て、一緒に乗ると思ったら、にこやかに手を振ってバイバイです。「ええ⁉」と思っているうちに、エレベーターのドアが閉まりました（笑）。

彼らは、僕の驚きの表情を見たはずです。

それこそ文化の違いだと思いましたが、それを「違い」だとわからないと、寂しさや疎外感を感じてしまうことがあるかもしれません。

アメリカでは、夜の会食は余程のことがない限りしないと知っていたのに、なんとなく日本のノリで期待していました。エレベーターの中で勝手に名店に連れて行ってもらえると夢想していた自分の厚かましさと勘違いに、自分で大笑いしました。

ここまで文化が違うと、さすがにわかりますが、「こうしてくれて当然だ」と思って、その期待を相手に押しつけている人は、案外多いのではないでしょうか。

人のことだとよくわかるのに、それが自分のことになると、わからなくなってしまうのです。

「疎外感を抱く必要なんてない」と人には言ってあげられるのに、自分では、言いようもない疎外感を抱いてしまうことがあるわけです。

筋が違うとか、イライラさせられるとかは、感性の違いから来るものです。

「違い」には、「人間関係」や「やり方」、また「世代」にもあります。

あなたから見れば、「50代」「60代」の人たちが言うことを、「古くさい」「理解できない」と思うことがあるかもしれません。

でも、それは「違い」から感じることなのかもしれません。

□「自分取扱説明書」をつくる

人は自分のことになるとわからなくなってしまうものです。これから、自分を知るために、「自分取扱説明書」をつくってみましょう。

自分がどういうときに楽しい気分になって、どういうことがきっかけで落ち込むのか、あなたは知っていますか？

次ページの質問に答えることで、「自分」について、見直してみるのです。

「こういう答えはよくない」「こういう自分は変えないといけない」と考える必要はありません。自分の本音を素直に眺《なが》めてみることです。

そして文字通り、自分をどう扱っていくのか、どう扱うと元気がなくなったり、やる気が湧いてきたりするのか、ということを知ることが、今のあなたに大切なことです。

【自分取扱説明書】――自分のことがよくわかる17の質問

〈1〉あなたは、誰ですか?
〈2〉あなたの好きなものは何ですか?
〈3〉あなたが苦手なものは何ですか?
〈4〉あなたが嬉しいと思うことは、どんなことですか?
〈5〉あなたがイライラするときは、どんなときですか?
〈6〉あなたのエネルギーはポジティブですか、それともネガティブですか?
〈7〉あなたのエネルギーを多く消費しているものは何ですか?
〈8〉あなたのエネルギーを回復させるものは何ですか?
〈9〉あなたが許せないことは何ですか?
〈10〉あなたが癒やされるのは、どんなときですか?
〈11〉あなたのモチベーションを劇的に上げるものは何ですか?
〈12〉あなたのモチベーションをドーンと下げるものは何ですか?

〈13〉あなたが一緒にいたい人は誰ですか？
〈14〉あなたが一緒にいたくない人は誰ですか？
〈15〉あなたの夢は何ですか？
〈16〉あなたが今、欲しいものは何ですか？
〈17〉あなたが楽しみにしていること、ワクワクすることは何ですか？

いつも元気だったり、夢や希望にあふれている必要はありませんが、そうかといって、落ち込んでばかり、つらいばかりでは、できることもできなくなってしまいます。

「自分取扱説明書」は、感情の取扱説明書でもあります。

自分の感情のリズムを知ることで、落ち込みすぎたり、舞い上がりすぎたりしないで、自分と上手につき合っていくことができるようになります。

この質問に答えることによって、あなたのことがよく見えてくると思います。

郵便はがき

162-0816

恐れ入ります
切手を
お貼りください

東京都新宿区白銀町1番13号

きずな出版 編集部 行

フリガナ

お名前　　男性／女性　未婚／既婚

(〒　　-　　)

ご住所

ご職業

年齢　10代　20代　30代　40代　50代　60代　70代〜

E-mail

※きずな出版からのお知らせをご希望の方は是非ご記入ください。

愛読者カード

ご購読ありがとうございます。今後の出版企画の参考とさせていただきますので、アンケートにご協力をお願いいたします(きずな出版サイトでも受付中です)。

[1] ご購入いただいた本のタイトル

[2] この本をどこでお知りになりましたか?
1. 書店の店頭　2. 紹介記事(媒体名:　)
3. 広告(新聞/雑誌/インターネット:媒体名　)
4. 友人・知人からの勧め　5.その他(　)

[3] どちらの書店でお買い求めいただきましたか?

[4] ご購入いただいた動機をお聞かせください。
1. 著者が好きだから　2. タイトルに惹かれたから
3. 装丁がよかったから　4. 興味のある内容だから
5. 友人・知人に勧められたから
6. 広告を見て気になったから
(新聞/雑誌/インターネット:媒体名　)

[5] 最近、読んでおもしろかった本をお聞かせください。

[6] 今後、読んでみたい本の著者やテーマがあればお聞かせください。

[7] 本書をお読みになったご意見、ご感想をお聞かせください。
(お寄せいただいたご感想は、新聞広告や紹介記事等で使わせていただく場合がございます)

ご協力ありがとうございました。

〔8〕

自分の
セクシュアリティーと
向き合う

□男性、女性、どちらでもない自分

「30代」になると、男性としての自分、女性としての自分というものを、それまでより意識するようになります。

「10代」「20代」のときには、「男」や「女」といっても、モテるモテないといった恋愛の場面で考える程度だったでしょう。モテないことで悩むことはあっても、それほど深刻ではなかったはずです。

「男としての自分」「女としての自分」よりも、「大人になる自分」「自分という人間」に対してフォーカスが当たっていたのではないかと思います。

それが30歳を過ぎると、自分の男性性、女性性を意識するようになります。

たとえば、女性としての自分は、40歳手前で、子どもを産むかどうか、ということを一度は真剣に考えるようになります。

性体験がないことや結婚していないこと、子どもがいないことで、自分は「男性として」「女性として」欠陥があるのではないかと悩む人もたくさんいます。

そもそも「男性としての自分」「女性としての自分」を考えたときに、自分がそのどちらにも入らないことに気づく人もいます。

「トランスジェンダー」は、一般的に、「性自認」と「身体的性」が一致していない人全般を表す言葉ですが、「身体的性」というのは身体構造から見た性のことで、「性自認」というのは、文字通り、自分が自認している性のことです。「自分は女性だと思っている」のであれば女性であり、「自分は男性だと思っている」のであれば男性になります。性自認には、男性、女性の枠に属さない「中性」「無性」もあります。

トランスジェンダーはイコール性同一性障害と認識されがちですが、どちらにしても、そのことは「精神疾患」でもなければ「障害」でもないことは、WHO（世界保健機関）でも認めていることです。

けれども、トランスジェンダーにとって、この世界は、まだまだ不便なことが多いのが現実です。自分でも、そのことを認められずに苦しんできた人もいるでしょう。

でも、自分の性に対して悩むのは、トランスジェンダーの人だけではありません。

「30代」になれば、結婚や妊娠、出産などで、自分の性に関わる問題を突きつけられることが多くなります。

女性として、男性として、あるいはそれ以外として生きていくかを考えるとき、多少の混乱があります。人によっては、「自分が誰なのか」がわからなくなってしまうこともあるでしょう。

でも、そんなときは、これまでの慣習や常識にとらわれることなく、自分が自分として、自分の性と向き合うことです。それが自分のパートナーシップ、生き方に関わっていきます。

自分がいままで知らなかった自分に気づくこともあるかもしれませんが、人生に「正解」は一つではありません。まずは自分のことを知って、自分が生きやすい道、納得できる生き方を見つけていくことです。

男性、女性としての括《くく》りだけでなく、自由に考えてみましょう。

□自分のパートナーを探す

あるパーティーに出たときに、

「健さん、私のパートナーは、どんな人がいいと思いますか？」

と一人の女性に楽しげに聞かれたことがあります。

それで僕は、「相手は女性、それとも男性がいいんですか？」と聞き返しました。

自分のパートナー候補を考えるときに、相手の性別を確認することは、たいていの人はしないようです。女性であれば男性を選ぶ人が多いし、男性であれば女性を選ぶ人が多い。なので、あえて確認したりはしないことが多いわけです。

でも、多いからといって、みんながそうであるとは限りません。

僕としては、その女性にどちらがいいのかを聞いただけなのですが、彼女はとてもびっくりしたようでした。表情がこわばって、僕のところから離れていきました。

それから10分ほどして彼女は戻ってきたのですが、

「人生最大の衝撃でした！

いままで考えたこともなかったのですが、私は女性のほうがいいみたいです。そのことに初めて気がつきました。自分でも認めたくなかったんですね！」

と興奮気味に教えてくれました。

彼女の晴れやかな表情を見て、こちらも笑顔になりました。

あとで彼女の話を聞いたところ、僕の質問から、「自分は男性を一度も好きになったことがない」ということに気づいたそうなんです。

女性である自分は、男性をパートナーにするのが当然と思っていたけれど、うまく探すことができなかった。それで僕に質問したわけですが、探し方を間違えていたから、理想のパートナーに出会えなかったことに思い至ったわけです。

1年ぐらいあとに、別のパーティーで彼女と再会し、今つき合っているというガールフレンドを紹介してもらいました。その恥ずかしそうで嬉しそうな表情が、とっても幸せそうでした。

これは「パートナーを探す」という話で言えば、やや極端な例かもしれません。けれども、自分がどういう人を好きなのか、ということを最初から間違えている人は、案外多いものです。

たとえば、年齢や学歴、身長、肌の色や言葉など、自分でも知らないうちに、「こうあるべき」と決めつけていることはないでしょうか？

相手は「日本語が話せる日本人」がいいと思っていたけど、英語で話せる人のほうが自分の気持ちを素直に伝えられる、ということもあるかもしれません。

パートナーを探すときには、相手に対しても、自分に対しても、「決めつけていたこと」をいったんはずしてみましょう。

「なんで、そんなことにこだわっていたんだろう」と思うような自分のこだわりに気づけたら、理想のパートナーがじつはすぐ隣にいた、ということもあるかもしれないのです。

□ 心の衝動と折り合いをつける

自分の中に「衝動」といったものを感じたことはありますか？

なにか、それを抑えようとしても抑えきれない欲求——それが衝動です。

たとえば、してはいけないと思えば思うほど、それを抑えるのが難しいということがあります。もちろん、たとえそうした衝動に駆られても、ふだんは抑圧していたり、もともとないものとしたりして生きている人がほとんどです。その衝動がセクシュアルなエネルギーである場合には、とくにそうでしょう。

けれども時に、抑圧していたはずの衝動、セクシュアルなエネルギーが、危険なものとして表に出てしまうことがあります。

ニュースとして報道されるような有名人の不倫、盗撮、痴漢行為などなど、発覚すれば、それまでのキャリアや社会的信用がなくなってしまうことはわかっていたはずなのに、それがやめられず、それこそ人生を棒に振る人たちがいます。

自分では、親しみを込めてした行為を「セクハラ」と言われたり、ただ相手を愛するがゆえの行為が「ストーカー」と言われたりすることもあります。どちらも、セクシュアルなエネルギーの暴走のなせる業《わざ》です。

そんな「暴走」も、10代、20代までなら許されたことも、30代では許されなくなります。それだけ大人としての分別、社会人としての責任が「30代」にはあるのです。

「30代」といっても、前半と後半では、意識が大きく違います。30代前半では、まだまだ20代の感覚で生きている人がほとんどです。30代後半になると、「40代」が見えてきます。「もう20代ではない」という自覚もあるはずです。

「30代」になったら、自分の心の衝動と、どう折り合いをつけていくのかということが大事になります。

衝動のままに生きていては、あなた自身の人生を台無しにしかねません。

昭和の時代なら、たとえば男性の上司が若い女性社員の肩に手を置いたり、あるいはお茶を入れさせたりしても、許されていたところがありました。でも今はセクハラやストーカーのラインが、どんどん厳しくなっています。

自分では「そんなつもりじゃなかったのに」と思っても、告発されたり、訴訟《そしょう》を起こされたりすることがあるのです。

社内で厳重注意されるだけでも、まわりのあなたを見る目が変わってしまうでしょう。くれぐれも気をつけましょう。

もちろん、セクシュアルなエネルギーは必ずしも、悪いものではありません。

それがあるから、恋愛に発展するし、子孫を残すことにつながります。

また、そのエネルギーを上手に使えたら、アートなどの芸術作品に、それらを昇華させていくこともできます。仕事の情熱も、セクシュアルなエネルギーを使っているとも言えます。仕事で活躍している人は、どこかセクシーなのはそのためです。

それが、人間的な魅力につながることもあるわけです。

自分のエネルギーと上手に向き合いましょう。

□ 恋愛に興味がないのは、変なのか？

２０１５年に行われた国勢調査によれば、生涯で一度も結婚しない人の割合は、男性では約４人に１人、女性では約７人に１人、とされています。

結婚していないから「パートナーがいない」「結婚できなかった」ということはないでしょう。結婚の形も恋愛の形も多様化しています。これからの時代は、さらにその傾向が高まっていくでしょう。

そして、そもそも恋愛に興味のない「アセクシュアル」といわれる人たちもいます。もしかしたら、この本を読んでいるうちに、「自分はアセクシュアルだ」と自覚する人もいるかもしれません。

昔から、男性も女性も、思春期になれば異性を意識するようになると思われてきました。

「思春期」とは、第二次性徴が現れ、生殖が可能となる年代です。からだの成長に合わせて、心も異性に向かっていくわけですが、前でお話しした通り、意識する相手が「異性」であるとは限らないし、自分のからだに起こる第二次性徴に堪《た》えられないほど苦痛を感じる人もいます。

この頃に、自分は同性に惹かれることに気づく人もいたことでしょう。

年頃になったら、恋愛はするものと決めつけられて、でも、自分にはそういう感情が湧いてこないことで、悩んだり、コンプレックスを感じたりしてきた人もいるかもしれませんが、そんなふうに思う必要はないと僕は思います。

たとえば「お金」にほとんど興味のない人はいます。そうだとしたら、「恋愛」に興味がない人もいるでしょう。

学生時代に、恋愛がうまくいかなくて、友達に悩みを相談したり、されたりした経験が誰にでもあるものです。深夜のファミレスで、失恋した友達をずっとなぐさめたという人もいるかもしれません。

でも、アセクシュアルの人には、その悩みの意味がわかりません。

少なくとも自分は、誰かを好きになったこともなければ、その好きになった人に振り向いてもらえないことで悩んだり、傷ついたりしたことはないわけです。

恋愛できない、あるいは興味がない自分は異常なんじゃないかと思ったことはあったかもしれません。それを誰にも言えず、つらい思いをしたこともあったでしょう。

けれども、そういう人は、あなただけではありません。

アセクシュアルの人に限らず、セクシュアルなことは、誰もが「自分は変なんじゃないか」「欠陥があるんじゃないか」と考えがちな分野です。

性欲が強すぎる、なさすぎるというのは、どちらも悩みの原因になります。

でも、どんな悩みも、万人が悩むことで「あなただけが悩む」ということはありません。

だから、「自分だけじゃない」ということを知ることです。

もしかしたら、あなたの好きになった人が、アセクシュアルの可能性もあります。

誰も悪くないのに、うまくいかないことがあるのが人生であり、恋愛です。

自分の個性も、相手の個性も、理解できるか、試されることも多いのです。

[9]

友人との連絡を絶やさない

□ 30代からの友人は、自分から求めないと自然にはできない

「10代」までは、進学したりクラス替えがあったり、部活に参加したりすることで、友達は自然にできたと思います。

「20代」になって社会人になったあとも、仕事を通して知り合ったり、趣味のサークルなどで出会って友達になる、ということがあったでしょう。

それが「30代」になるとどうでしょうか。

仕事で出会う人は増えたかもしれませんが、それですぐに友達になれるかというと、そこまで親しくはなりにくいのではないかと思います。

子育てなどで「ママ友」ができたという人もいるでしょうが、やや表面的な関係で終わることもあります。友達というのは、年齢がいくほど、できにくくなっていくのです。

9 友人との連絡を絶やさない

10代、20代からの友人はいても、30代になると、「最近はなかなか会えない」ということが多くなります。

何度も話しているように、「30代」は人生でもっとも忙しい年代で、一日の大半、一年の大半の時間を、仕事や家族のことでとられてしまいがちです。

会いたいと思っても、お互いに忙しくて、ときどきLINE《ライン》を送る程度になってしまいます。そして、いつのまにかインターネットの無料の年賀状を出し合うだけの関係になっていた、という状態に陥《おちい》りがちなのが、「30代」の友人関係です。

30代になると独身でも、恋愛関係を築きにくかったりしますが、友人関係もそれと同じです。自分から努力しておかないと、「40代」「50代」になったときには、友達の存在が消えてしまうことがあるわけです。

30歳を過ぎて友達になっていくというのは、よほど特殊な環境に属さないと、難しいものです。

なぜかといえば、たいていの人間関係には利害関係があるからです。

たとえばビジネスでは、取引先や上司との関係を考えるとわかりやすいでしょう。どんなに親しくなっても、「友達」にはなりにくいわけです。では、同僚や後輩ならば友達になれるかといえば、やはり、そこにも利害関係は生まれます。子どもの通う幼稚園や学校、お稽古事《けいこごと》を通して、「友達」になれる人もいますが、それぞれの立場があって、学生時代の友達とは、やはり違っているでしょう。

そうして友人とのつき合いは、生活の中から少しずつなくなっていくわけですが、それを問題と認識していないところが、「30代」の一番の問題です。

あまりにも忙しすぎると、友達と会えなくても、それで困ることもないわけです。

お金がなかったら困りますが、友達がいなくなっても、30代では、そのダメージに気づけません。

それを思い知るのは、60歳を過ぎた頃です。

会社で働いてばっかりいたのが、少しずつ仕事が減ってきて時間ができるようになったら、「友達がいない」ということに気がつくのです。

でも、そこから友達をつくろうと思っても、それはやっぱり難しいのです。

その意味で、「30代」は、友達をつくる最後のチャンスと言えます。

「40代」「50代」では、親しくなれたとしても、「友達」というより、「人脈」のようになってしまいがちです。

30代からの友人は自然にできにくいので、自分から友達ができる環境を整えていかなければなりません。

といっても、それは難しいことではなく、むしろワクワクすることになると思います。

楽しいことをしている人ほど、友達が多いと思いませんか？

それを、あなたも意識してやってみることです。

具体的に言うならば、次の3つです。

（1）旅に出る
（2）趣味を共有する
（3）新しいことを学ぶ

たとえば旅に出ると、心がオープンになります。相手の話を聞いたり、自分の話をしたりすることで、その人との距離が近くなりやすくなります。

海外の視察旅行なんかに行くと、とても親しくなります。バスで隣り合ったり、食事やお酒をともにすることで仲間意識が育まれます。

これまで、海外ツアーを何度も主催してきましたが、そのたびに参加者の中で、一生続くような友情を見つけたり、結婚したりする人も出てきています。

趣味のサークルでは、新しい仲間もできます。もともと同じものに興味を持っているわけですから、共通の話題も多いわけです。

新しいことを学ぶということでは、学んでいく中で喜びもあれば苦労もあるでしょう。それを一緒に体験することで、友情が生まれやすくなります。

この3つのことというのは、10代、20代では自然にしていたことではないでしょうか。だから、友達も自然にできたわけですが、30代になると、それを意識的にしていかないと、何もしないまま、気づいたら「60歳」になってしまいます。

ぜひ、今のうちから、友情を育んでください。

□ 3種類の友情を育む

友達がどうできるのか、あるいは、どうやって友情は育まれるのかを考えたときに、僕は友達を次の3つに分類しています。

（1）過去の友達
（2）現在の友達
（3）未来の友達

「過去の友達」とは、たとえば小、中学生の頃の同級生です。
同窓会などで盛り上がるのは、楽しかった思い出を共有しているためです。学生時代の友人、社会人になった頃の仲間たちも、ここに含まれます。ノスタルジックな空気に浸《ひた》れますが、この友情には、発展性というものは案外ないものです。忙しくなって会わなくなるうちに、いつのまにか「過去の友達」というのは消えていきがちです。

「現在の友達」とは、まさに今つき合っている人たちです。

趣味が同じだったり、ともに学ぶ仲間だったり、一緒にいて楽しくなる人たち、あるいは一緒にいると自分にとってのプラスになる人たち、利益をもたらしてくれる人たちです。

楽しくもなければ、何のプラスにもならないとなれば、つき合っていてもしょうがないですから、友情も育っていくことはありません。

「未来の友達」とは、これから一緒にプロジェクトをやる人、あるいは、なにか新しい趣味などを通じて出会う人たちです。ボランティアなど、社会的な活動を始めることで出会う人たちもいます。

今が楽しいというより、未来を共有する人たちです。未来に対して開かれた友情ということもできます。

理想を言えば、「過去の友達」が「現在の友達」であり、「未来の友達」でもあるとしたら、最高です。

パートナーが一番の親友だという人もいます。

パートナーも「友達」と同じように、「過去のパートナー」「現在のパートナー」「未来のパートナー」に分けることができます。

過去においては、一緒にいて楽しく、誰よりも理解し合える関係だったとしても、「現在」もそうとは限りません。

現在は、最高のパートナーだったとしても、未来に求めているものは違うということもあります。それが悪いわけではありません。

友情にしても、パートナーシップにしても、この「3つの分け方」があるということを知っていると、それぞれにつき合いやすくなります。

そして、どの関係も大切であることに変わりはありません。

□ 近寄りすぎない距離を保つ関係もある

「友達」というと、お互いを深く理解できて、長くつき合える関係でなければならないと考える人は多いでしょう。

もちろん、それは間違いではありませんが、自分には「そんな友達はいない」と思う人もいるのではないでしょうか。

友達であれば、本音を言えて、ときには苦言を呈《てい》することもある——他の人なら、心の中では思っていても、嫌われたくないから口には出さないことでも、あえて言ってくれる。それこそが親友だと考えるわけです。

ＳＮＳで「いいね」を押してくれる人はいても、そこまで自分に本気で向き合ってくれる人は、貴重な存在です。

でも実際は、友達といっても、本音どころか、「その半分も言えないような人ばかり」という人は少なくないでしょう。

むしろ友達だからこそ、相手を傷つけたくない、と考える人もいます。結果として、表面的なつき合いになってしまうこともあるわけです。

「友達」とは、どうつき合っていくのか。どこまで本音を言うのか、言わないのか。

それは、自分にとって、そして相手にとって心地いい距離を保つことです。

思わず耳を塞《ふさ》ぎたくなるような、辛辣《しんらつ》なことを言い合える関係が理想だという人もいれば、もっとあっさりと淡白な関係のほうがいいという人もいるでしょう。

そして、友達によって、深くつき合う人もいれば、浅くつき合う人がいてもいいわけです。浅いつき合いが悪いということではなく、ある程度の距離を保った関係だからこそ、長くつき合える人もいます。

友情では、近づきすぎると、ときに傷つくこともあります。そうならないで、友達関係を長く続けていくには、その人に合わせて上手に距離をとることも大事なのです。

□いい友人の見極め方

質のいい友人は、あなたのことを受けとめてくれる存在です。「いまのままでいい」というメッセージをくれ、あなたに安心感を与えてくれます。

さらに、もっといい友達は、時には耳が痛くても、本音をちゃんと言ってくれる人です。

相手に嫌われるのを恐れていたら、普通ではなかなか言えないからです。

「こうしたら、もっといいんじゃない？」

「あれは、ちょっとよくなかったね」

というように、あなたがしたことに対して、意見を言ってくれる人です。

そうなると、もうただの友達というより、親友といえる存在でしょう。

友達づき合いでは、あえて距離をとることも有りですが、その境界線を越えてくる人たちが、あなたの親友になる人です。

そうなってくると、ちょっと面倒に感じることも出てきます。でも、そういう距離感や起きるドラマが友情を深めていくものです。

ときに相手のプライベートなことにも踏み込むことになります。それがウザいと感じることもあるかもしれませんが、そうなったら、本当の友達になるスタート地点に立ったということを意味します。

たいていの友達関係は、残念ながら、そこまで深まっていきません。だから普通の人は、あなたを全否定するようなこともありません。

それも、友情の一つの形です。

SNSで「いいね」のボタンはあっても、「まずいね」「よくないね」「死んだほうがマシ」みたいなボタンがないのは、人はお互いにポジティブでいたいと思うからです。

相手がしていることに対して否定的な人というのは、いい友達になれないと、多くの人たちが思っています。

でも、親友になればなるほど、「そのプロジェクトはまずいんじゃないか」とか「その転職はよくないよ」とか、あるいは「その人とはつき合わないほうがいいよ」ということを言ってくれます。

人生の大切なところで全否定してくれるのです。

なぜ、そんなことを言うかといえば、親友は、本人以上に、その人の未来のことを考えているからです。

もしもあなたを全否定してくる友人がいたら、とてもラッキーなことです。そういうメッセージは、「親友になりませんか?」という招待状だからです。

でも、せっかくの友情への招待状を余計なお世話だと思ってしまうこともあります。全否定してくる人に感謝できれば、その人と親友になれる可能性がありますが、迷惑だと感じるようであれば、その人との友達関係は続かないでしょう。

これは、全否定されたときに感謝しなさい、という話ではありません。人によっては、相手のためとはいえ、その距離感をうまく調整できない人もいます。

たとえば、初対面なのにプライベートなところまでズカズカ無神経に入り込むようなことをしたら、相手に拒否されても仕方ありません。

親友になれるかどうかの前に、いい友人かどうかを見極めるポイントは、「人の善」を信じている人かどうかだと、僕は思います。

いい友人は、人の善なる部分を信じている人です。

人のいい部分を見ようとする人は、いい友人になれると思うのです。

人の善を信じられる人は、心が広く親切です。

誰かを助けることに喜びを感じる人です。

世の中には、ずるかったり、嫉妬深かったり、情報操作しようとしたりするような人もいます。そういう人と友情を育むのは難しいでしょう。

相手によって態度を変える人も、要注意です。

いない人の悪口を言う人は、もしかしたら、あなたのいないところでは、あなたの悪口を言っているかもしれないからです。

表裏のない人であることも、友人としては大事な要素だと思います。

あなたの悪口を言う人がいたら、「あの人はそんな人じゃない」とあなたのことを庇《かば》ってくれる人が、本当の友人なのです。

〔10〕

一生つき合える人と出会う

□人間関係が、幸せのカギになる

いま、あなたはどんな人たちとつき合っていますか？

ふだん連絡し合っている人たちは、幸せな人たちでしょうか？

あるいは、イライラしている人が多いでしょうか？

元気な人たちが多いでしょうか？

それとも、落ち込んでいたり、不満を抱えたりしている人が多いでしょうか？

どんな人たちとつき合っているかで、あなた自身の気分も違うでしょう。

いつも笑顔の人たちとつき合っていれば、自然と、あなたも笑顔が多くなります。反対に、不満そうな顔ばかり見せている人と一緒にいると、自分まで文句ばかり言うようになったりします。その意味で、どういう人たちとつき合うかは、とても大事です。

もちろん、つき合う人たちは、それぞれです。明るい人もいれば、暗い人もいるでしょう。でも、案外、同じような印象の人が多い、というのが、人間関係の面白いところです。スマホには何百人という登録があっても、一緒に食事をしたり、頻繁《ひんぱん》に連絡を取ったりするような、親しくつき合える人というのは、せいぜい30人くらいではないでしょうか。

まずは、その数を厳選することから始めましょう。

「人生のクオリティー」は、自分自身で決めていくものです。誰でも彼でもつき合うというのでは、そのクオリティーが保てなくなります。

一緒にいて、ともに成長していけるような相手なのか、ということが大切です。自分だけが成長する、あるいは相手だけが成長するという関係は、どこか気まずくなるものです。

人間関係というのは面白いもので、「エネルギーをもらえる関係」と「奪われる関係」の二つに分かれていくものです。

たとえば、お互いに「100」の力を出し合えば、掛け合わせれば「1万」の力になります。同じ「100」の力を出しても、合わせるだけでは「200」です。

自分は「100」の力を出しても、相手が「マイナス30」であれば、合わせても「70」

になってしまいます。こうなると一緒にいるより、一人のほうがいい、ということになるわけです。これが、つまり「奪われる関係」です。

自分は変わらなくても、相手との組み合わせ、そのときの状況、タイミングで、エネルギーが上がっていくときもあれば、下がっていくときもあります。

よく人間関係は「Chemistry《ケミストリー》（化学反応）」だと言われますが、自分がどういうふうな化学反応を起こすのか、ということを理解しておきましょう。

どういう人とつき合えば自分のエネルギーがアップするのか、逆に、どういう人とつき合えば自分のエネルギーがダウンするのかを知ることです。

一緒にいてテンションが下がる人は避けたほうがいいのかというと、必ずしも、そうとは限りません。案外、自分のテンションを下げる人の中に、自分の学ぶべき課題があるからです。

パートナーや子どもが感じているようなことを、つまり家族のような近しい関係でないとわからないようなことを、ポロッと言ってくれたりする人の存在は貴重です。

いろんな種類の友人に囲まれることで、あなたの人生の幅も広くなるのです。

□仕事を一緒にやることで深まる友情もある

「友情」というと「仕事抜き」で考える人は多いかもしれませんが、一緒に仕事をしたからこそ関係が深まる友情もあります。

趣味でつながる人たちとの関係も楽しいものですが、楽しみを共有するだけでは、それほどには深まっていかないものです。

もちろん、仕事がからまないからこそ、つき合いが続いていくことはあります。

やはり仕事だと、上下関係や、先輩・後輩といった年次の違いもあって、親しくなっても、ある部分では遠慮したりしなければならない、ということがあります。

それが趣味のサークルとか、何か一緒に勉強するとかというような仲間であれば、仕事とは違う人間関係を築けるわけです。

たとえば僕のセミナーに参加している人たちを見ていても、仕事も年代もバラバラですが、学生時代に戻ったような感じで、青春をもう一度やり直しているという感じの人たちが結構多いのです。利害関係がからまないから続く友情もあるのだと思います。

そういう関係が多ければ多いほど、人生の楽しさも増えていくのではないでしょうか。別の言い方をするなら、仕事がらみの友情もあるからこそ、それ以外のところでつながる関係も楽しめるわけです。

その意味で、やはり仕事がからむ関係というのは、とても大切です。

たとえば一つのプロジェクトを進めていく中では、最高の時間と最低の時間を共有することになります。まさに、ともに戦う「戦友」になるわけです。

イベントに間に合わせるために徹夜で作業したり、上司や相手先にOKをもらうために苦心したり、そういう中で気が合って、スタートする友情もあります。

実際に、50代、60代で仲のいい友達のいる人たちの話を聞いてみると、もともとは仕事の仲間だったという人たちが少なくありません。その後に転職したり、環境が変わったりしても、友情だけは変わらなかったということです。

仕事から深まる友情もある、ということをわかっておくと、友達をつくるのに、「仕事」と「プライベート」を分けなくてもいいことがわかります。

「仕事」というのは、それだけ時間を使うもので、一生懸命に取り組むものでもあります。本気でやらなければならないシーンが、いくつも出てきます。

その流れの中で、サポートしてくれたり、あるいは、最悪のトラブルが起きて一緒に泣きそうになったり、という体験を共有することで、友情というのは深まっていくのではないでしょうか。

すべての友情がそうであるように、助けたり助けられたり、あるいは、何か一緒に知恵を出し合ったりすることで、関係は続いていきます。それを30代からスタートすると、70代までには、あと40年あるわけです。

30代から長い友情を深めていけるとすれば、その始まりが今だということです。

仕事関係でも、気の合う人は、プライベートでも食事とかに誘ってみましょう。きっと、一生つき合える親友も見つけられると思います。

□人間関係の資産と負債とは？

人間関係には、将来プラスになっていく「資産」と、将来マイナスになる「負債」の関係があります。

「資産」というのは、たとえば誰かとつき合っていることで、その人にプラスの面をもたらします。

有名な人とつき合っているというだけで、自分まで株が上がるような、少なくとも相手がそう感じてくれるような関係です。

「資産」といっても、お金の資産とは少し違って、社会的な影響力があるとか、ファンの数が増えるとか、その人の持っているパワーと言えるようなものかもしれません。

「この人と一緒にいたら得する！」というのは、人間関係の中では資産なんです。

その資産があるだけで、社会的な信用につながるということがあります。

それに対して、「負債」は、その人とつながっている、というだけで、社会的信用を失うような関係です。

具体的に言うならば、まさに今、トラブルを引き起こしている人とつき合いがあるというのは、人間関係の「負債」につながります。

たとえば、スキャンダルにまみれているような人と親しいとか、詐欺まがいの投資を友人に勧めてしまった場合には、大きな負債となるわけです。

「30代」では、いろいろな人と出会って、まずは好き嫌いなく、さまざまな人たちとつき合っていくことが人脈を広げることになります。でも、人間関係には「資産」と「負債」があるということも知っておくことです。

これは経済的な投資と一緒で、30代からどういう人間とつながっていくのか、ふだん、どういう人たちとつき合っているのかによって、その人が測られるということがあります。

それが悪いわけではありません。

たとえ今は、その人にお金がまったくなかったとしても、素晴らしい人とつき合っていたら、それだけで、この先、仕事に恵まれるということがあります。

いま、あなたには、どれくらいの資産と負債があるのか、それを見直していきましょう。

大きな負債もない代わりに、大きな資産もない、という人が多いのではないでしょうか。

この場合の資産、負債には、実際の人脈としての資産、負債に加えて、感情的な資産、負債があります。

「感情的な資産」とはどういうことかといえば、その人とつき合っていたら、自分の気持ちが上がる、あるいは、幸せになる、というような人間関係です。

「感情的な負債」とは、その人とつき合っていたら、すごくイヤな気持ちになるとか、テンションが下がるというような関係です。

これはパートナーシップでも起こります。関係がうまくいっているときには、「あなたがいてくれるだけで、何もいらない」となるのが、負債の関係となると、「慰謝料1億円をもらっても許さない」となるわけです。

相手とのエネルギーのやりとりでも、資産と負債があることも知っておきましょう。

□ 長期投資の視点で、人脈を考える

「30代」からの人脈は、上手に育てると、関係者全員が出世していったり、それぞれの分野で第一人者になる可能性があります。

たとえば、20代からつき合っている友人の一人は弁護士になり、もう一人は上場企業の役員になり、ビジネスオーナーになり、ということが起きます。

そうした、いろんな分野で活躍していく人たちが出てくると、それが「資産」となっていくわけです。

けれども、

「いいヤツなんだけど、出世していくタイプじゃないかもしれない」

「社会的な影響があるわけじゃない」

という人たちとつき合っても、「資産」にはなりにくいということがあります。

そもそも、普通の人は、「資産になりそうな人物」なんか、まわりに誰もいないなぁと感じてしまうのではないでしょうか。

僕自身の30代を振り返ると、当時、自分も当時の仲間も、みんな「普通」でした。

でも、この20年で、それぞれが、本を出版したり、自分の専門分野で第一人者といわれたりする存在になっています。

「資産」になるからつき合ってきた、というわけではありません。当時から、それぞれに志すものがあり、そのことに共感し、応援し合ってきたことが、結果として「資産」になったと思うのです。

その意味では、「得になりそうだから、つき合う」というのでは、「資産」になるどころか「負債」になりかねません。

「この人が、普通で終わるわけがない」

「こういう人が活躍できる世界にならなければ嘘だ」

と思えるような人たちとつき合うことで、10年後、20年後のお互いの成功が実現するのです。

「資産」は、一朝一夕《いっちょういっせき》にできるものではありません。

ときには、本気で意見を戦わせるような、お互いが切磋琢磨《せっさたくま》していく関係を築いていくお互いが「資産」になっていけるのではないかと思います。

少なくとも僕は、当時の仲間たちがいたからこそ、今の自分があると思っています。彼らの励ましや応援が、いかに力を与えてくれたか。

当時は、そこまで考えていたわけではありませんでしたが、50代になった今になってみると、そのことがよくわかります。

もしも途中で、「こんな普通の人たちとつき合ってもしかたがない」と考えていたら、今の関係は築けなかったと思います。

人間関係の資産は、プラスマイナスということだけでなく、一緒に成長していく喜びもあります。

「30代」から人脈を築き始めるのがなぜ大事かといえば、それによって自分も、自分のまわりも、一緒に成長していくことができるからです。

〔11〕

自分のファンをつくる

□今から応援される生き方をめざす

世の中には、人に応援されるのが上手な人と、頑張っても誰にも応援されない人の2種類の人間がいます。前者を「人に応援される生き方」とすれば、後者は「人に応援されにくい生き方」です。

「人に応援される生き方」をしている人は、まわりから励《はげ》まされたり、助けてもらえたりします。たとえば、新しい仕事をしようとすれば、営業先を紹介してもらえたり、いいアドバイスをもらえたり、ということが起きるのです。

なぜ、そんなことが起こるのかといえば、日頃の、あなたの一生懸命な取り組みを、周囲の人たちが見ているからです。

では、「人に応援されにくい生き方」をしている人は、一生懸命じゃないのかと言えば、そんなことはありません。ただ、自分では一生懸命でも、それが独《ひと》りよがりで、空《から》まわりしてしまうことが多いのです。

その意味では、応援される人は、相談上手であるとも言えるかもしれません。本人には相談しているつもりはなくても、相手のほうで、なにか助けてあげたい気持ちになる。そういう魅力があります。

たとえばラーメン店でいえば、毎月100人のお客さんが、自分の友人を連れてきてくれるようなお店は、応援されていると言えるでしょう。

でも、たとえおいしいお店でも、誰もお客さんをつれて来ないお店は、いつも一見《いちげん》さんばかりになってしまいます。そういう店は、こだわりがある、自分なりの世界観がある、と言えるかもしれませんが、人の応援を受けつけない、というところがあるのです。

どんなビジネスも、お客さんが一見さんだけでは、積み上がっていきません。

人に応援されることを意識できるかどうかで、業績は10倍、20倍と違ってくる可能性があります。これからの時代は、それがとくに顕著《けんちょ》になるでしょう。

人に応援される生き方をめざす。それが「30代」で大事なポイントです。

「20代」では、まだ自分自身が固まっていないので、「応援してもらう」のは、まだちょっと、おこがましい感じがします。

応援してもらうというより、かわいがってもらう、引っ張り上げてもらうことが多いでしょう。「30代」になってくると、自分のやりたいこともはっきりしてきます。自分の世界、自分のめざすものが明確になることで、それを発信できるのです。つまり、人にそれを伝えられるようになるわけです。

人生観も「20代」よりはしっかりしてきます。自分の考え方、生き方に納得してもらえたり、感動してもらえたりするようになります。それが自分のファンをつくることにつながります。

なぜ、それが必要かといえば、自分一人が頑張るのには限界があるからです。

考えてみれば、僕たちは、小さい頃からずっと一人でやろうとしてきたはずです。

たとえば試験というのは、3人一組で受けることはできません。

勉強は一人でやるもので、受験も一人で頑張ってきたでしょう。誰か、成績のいい子と組んで、連名で名前を書くことは許されないわけです。

それが社会人になると、連名で仕事をするほうがあたりまえと言ってもいいほどです。

つまり、誰と組むかで仕事の業績が変わっていきます。

ドラマの「相棒」ではありませんが、会社員として入社したら、配属先で先輩と組まされる人もいるでしょう。そのときに、凄腕《すごうで》の先輩と組むか、窓際《まどぎわ》の人と組むのかでは、担当できる仕事も違えば、結果にも大きな差が出ます。

どうして差が出るのかといえば、能力の違いというよりも、じつは、会社やまわりに応援されているか、応援されていないか、の違いなのです。

どうすれば応援される生き方をできるか。それが、これからの人生、あなた自身を大きく変えていくでしょう。

ファンなんて、アイドルならともかく、普通の会社員の自分には考えられないという人もいるでしょう。

でも、あなたを応援してくれるファンが、あなたの人生の基盤をつくっていきます。それは、隣の課にいる人だったり、上司の部長だったりするかもしれません。まわりをファンにしていく心理をぜひ学んでください。

□ファンはあなたをレベルアップさせる

ファン心理には、3つのマトリックス（原型）があります。

（1）憧れ
（2）尊敬
（3）親しみ

この3つの度合いで、そのファンが決まってきます。
たとえばアイドルならば、尊敬よりも憧れ、親しみのほうが強いかもしれません。
作家であれば、憧れというより、尊敬のほうが強いのではないでしょうか。

アイドルグループを見ていて面白いと思うのは、メンバーによって「尊敬担当」「親しみ担当」というように、ファン心理も微妙に違いがあるようです。そのバランスのよいグループは長く人気を保っていたりします。

自分のキャラクターや立場、仕事によって、どのマトリックスでファンをつくるのかを考えてみましょう。

親しみのあるところがファンに受けていたのに、それよりも尊敬される、憧れられる要素が強くなると、それまでのファンが離れていくこともあります。

どのマトリックスで勝負するかは、その人のエネルギーによっても変わってきます。

ファンがいればいるほど、自分が何かやろうとするときに応援してもらえます。

それは、たとえば自分が新しく商品やサービスを提供したときに、その商品やサービスを買ってくれる人たちの人数が増えるということです。

ファンが100人の人なのか、1000人の人なのか、あるいはもっと多い、1万人の人なのか、10万人の人かで、豊かさレベルも違ってくるわけです。

また、同じ人数でも、その「ファンベース」をどういうものにしていくかでも、豊かさにつながっていきます。わかりやすく言えば、そのファンの人たちがお金持ちであればあるほど、あなたの経済的自立も簡単になってくるということです。

そのファンの人たちが、あなたにクリエイティブなアイデアを提供してくれます。

自分が新しいことを勉強しようと思ったときに、ファンの人たちが支払ってくれたお金で、たとえば海外に勉強しにいったり、セミナーで学んだり、あるいは新しいコーチやコンサルティングをつけたりすることができるわけです。

それをまた、ファンに還元することもできるわけです。

ファンの人たちというのは、よくも悪くも、あなたの伴走者になります。

あなたがボーッと怠《なま》けていたり、油断していたりすると、「最近ちょっとクオリティーが落ちたな」とか「つまらなくなりましたね」とか、「もっと気合い入れてください」と叱られたりします。

ファンには、甘口のファンと辛口のファンがいます。

辛口のファンは、ときに本当にファンなのかと言いたくなるほど辛辣《しんらつ》で、人によっては、そういう人は自分のまわりから排除したいと考えてしまうこともあります。

でも、じつはそういう批判をしてくれる人こそ、あなたを成長させてくれます。その人たちがいるから、もっといい本を書きたい、もっといい歌を歌いたい、もっといい料理をつくりたいと思うのです。

応援してくれるファンを喜ばせたい。その思いが、自分が成長する原動力になります。もしもファンの人たちがいなかったら、お客さん全員が一見さんだったら、その料理人は、いい料理はつくるのかもしれませんが、それほどの興奮はないでしょう。

毎日来てくれる人、毎月来てくれる人がいたら、「さあ、前回よりも今回はもっと喜んでもらおう。びっくりするくらいの料理をお出ししよう」という気持ちになるわけです。

辛口のファンにも満足してもらえるようにと、自分を磨いていくことができます。

ファンの存在は、自分のレベルアップに貢献するというのは、そういうわけなのです。

会社員であっても、ファンをつくることができます。新しいプロジェクトをスタートするとき、あなたをサポートしてくれる応援団と言い換えてもいいかもしれません。

そういうファンがいるかどうかで、プロジェクトが成功するかどうかも決まってくるぐらいです。

□あなたが喜ばせたい人は誰ですか

あなたのファンになってくれる人は、誰でしょうか？

それは、あなたが「喜ばせたい」と思うような人です。

たとえば、自分にとっての喜ばせたい人が「20代」「30代」「40代」の女性だという人は、彼女たちをよく理解していて、なんとかしてあげたいと思うのです。

もしかしたら、他にも「私はあなたのファンです」という人はいるかもしれません。

女性のファンを獲得したいと思っても、なぜかファンになってくれるのは男性ばかり、という人もいます。もちろん、その逆もあるでしょう。

ファンのターゲットを変えたほうがいいのか、と悩んでしまう人もいるかもしれませんが、今の自分のファンに合わせる必要はありません。

なぜなら、そういうファンの人は、あなたの波長と合うからです。あなたの人柄やその他の要素を見てくれて、応援してくれるわけです。

いわば、あなたが喜ばせようともしていないのに、喜んでくれている人たちです。

むしろ、あなたが喜ばせたい人たちをあなたが喜ばせようとすることを、喜んで応援してくれるでしょう。

あなたが喜ばせたい人は、あなたが力になりたいと感じている人です。その人たちが抱えている問題、悲しみや喜びが手に取るようにわかります。だからこそ、何を提供したら、その人たちに喜んでもらえるかがわかるのです。

ここであらためて、聞きます。

「あなたが喜ばせたい人は誰ですか」

じつは、この答えが、あなたのライフワークの答えになることが多いのです。

「30代」の今から、どういう人に自分の「ファン」になってもらうのかを考え始めるのはいいと思います。

たとえば会社員であれば、自分よりも5歳くらい下の後輩に「ファンです」と慕《した》われる人というのは、将来出世するタイプです。

ファンは、必ずしも年下とは限りません。上司や役員の中にも、あなたのファンがいるかもしれません。そういう人たちが、密《ひそ》かに応援してくれる可能性もあります。

ところで、ファンというと、こちらがいつもサービスしなければならないと、プレッシャーに思う人もいるかもしれません。

ファンだと言われたら、「イヤだなと思っても握手しなきゃいけない」「愛想笑いをしなくちゃいけない」「質問に答えなくちゃいけない」――そんなことを考えて気分が重くなる必要はありません。

僕にとってのファンは、一緒にいて楽しい人たちです。

その人たちと旅行したり、なにかイベントをしたりする機会があるとしたら、それを一緒にやって心からワクワクするような仲間です。

そういう「自分も楽しくて、ファンもつくっていく」活動自体があなたの人生を面白いものにしてくれます。

〔12〕

仕事との距離を考える

□あなたは、今の仕事が好きですか？

「30代」になると、好きな仕事をやっている人、普通にやっている人、もう辞めたいと思っている人、そして、実際に辞めてしまう人がいます。

この章では、30代の「仕事」との距離についてお話ししていこうと思いますが、「仕事」と聞いただけで、「できればやりたくない」とからだがすくむ人もいるでしょう。

今の仕事はイヤだと思っていても、別の仕事ならやってみたいと思っている人もいるかもしれません。

どちらも、今の仕事を辞められないのは、「生活のため」「お金のため」です。

仕事は、実際には人生の喜びをもたらしてくれるものでもありますが、最初のモチベーションは、自活するためです。

実家にいる人も含めて、大人として自活するために、人は働こうとするわけです。

そうして就職して、何度か転職を経験した人もいると思いますが、今の仕事を、好きでやっているという人は、残念ながら、多くはないかもしれません。

誰でも自分の好きなことを仕事にできることを伝えたくて、僕は作家になりました。そして、何万人もの読者が、実際に人生を変えていきました。

そのスタートは、「自分の才能を使って、生きてみたい」という思いです。

今の20代、30代の人たちは、それが不可能ではないことを知っていても、思う通りになっている人は、少ないでしょう。

「好きなこと」と「現実」の狭間《はざま》で、身動きが取れないというのが、今の大半の「30代」の現実かもしれません。

でも、そこから自分の理想の方向にスタートしないと、ずっとそのままの生活が続くことになります。

それがイヤなら、少しでもいいので、何かをやり始めましょう。

□仕事との距離が人生をつくる

「仕事との距離」は、短い人もいれば長い人もいます。

「30代」は、「20代」と比べると、その距離の差が、ますます激しくなってくる時期だといえるでしょう。

「20代」では、就職している人も、アルバイトの人も、就職していない人も、それほどの差はありません。

それが「30代」になると、大きく変わっていきます。

就職している人は、一日の大半を仕事に費やすようになります。

残業が増え、リモートワークになると、それこそ昼も夜もなくパソコンの前にいる、という人も多いのではないでしょうか。

つまり、仕事との距離が近い人たちです。

そういう人たちがいる一方で、結婚して、出産や育児のために仕事から遠ざかる人もいます。仕事を続けていても、子どものことが優先されて、仕事に制限がかかるようになります。仕事をやめて、完全に第一線から離れてしまう人もいるでしょう。

自分が病気になったり、あるいは親などが倒れたりして、療養、介護のために、仕事から離れていく人もいます。

30代も後半になると二極化して、仕事ばっかりの30代と、仕事をしたいと思っても、まったくそれができない30代に分かれていきます。30代で仕事との距離が離れてしまうと、40代になって、その距離を縮めることは難しくなるのが一般的です。

仕事との距離が短い人は、どんどん短くなる傾向があります。

具体的に言えば、仕事ができる人は、どんどん仕事をやるようになります。

30代になると、組織の中で仕事をしている人は、昇格してプロジェクトを任されたり、自分で起業したりする人が多くなるためです。

ふだんの業務で忙しいうえに、新しいリサーチなどの仕事までするようになって、働くことになるわけです。

本人はワクワクしてやっていることでも、時間とエネルギーを仕事にとられることが多くなっていきます。やがて、その歪《ゆが》みが健康面に出てくるかもしれません。

仕事との距離が、その人の人生をつくります。

また、それと同様に、仕事のクオリティーも、その人の人生をつくるわけです。

たとえば、能率のいい仕事をしている人は、人生を楽しむ余裕があります。しかし、生産性が低い人は、起きているあいだの時間のほとんどを仕事にとられて、人生を楽しむ余裕が持てません。仕事だけを見れば同じであっても、それ以外の人生に差が出るのです。

心からワクワクできて、ずっとやりたかったことをやっている人もいれば、会社や受注先から言われるまま、単純作業をこなすだけになっている人もいます。

後者の場合には、積極的に自分の人生をつくり出しているという感覚が持てません。

そこから抜け出したいと思いながら、仕事との距離を縮めることができないのです。

□油断すると、人生の大半を仕事に費やしてしまう

世の中の大半の人は、「生活のために仕事が必要だ」と考えています。

昭和や平成の時代ならいざ知らず、結婚しても仕事を続ける女性がほとんどでしょう。子どもが生まれても、出産休暇が終われば仕事に戻るのが普通、と言ってもいいようです。早い人では出産して半年もたたないうちに、職場に復帰します。遅い人でも、1年から2年で職場に戻るようになります。

あなたが子どもの頃の30年前と比べると、専業主婦率は下がり、女性が仕事をする時間が増えていると言えるでしょう。

最近はテレワークで、職場での人間関係にわずらわされるようなストレスは少なくなったかもしれませんが、家で仕事をすると、自営業の人が抱えるジレンマを、会社員であり

ながら抱えてしまうことになります。

そのジレンマは、仕事とプライベートの区別がつきにくくなることでしょう。自営業と比べた会社員のメリットは、会社を出たら仕事のことを忘れられることです。それが家でも仕事ができてしまうようになったので、自分だけでなく、家族にも、その負担をかけることにもなるわけです。

とくにテレワークが始まったばかりの今は、自宅での仕事環境が整っていないかもしれません。仕事専用の部屋を確保できないということもあるでしょう。リモート会議をするための場所がなくて、お風呂場やトイレで、という人もいるようです。

それはともかく、たとえば「朝の9時から夜8時までが仕事の時間」というふうに、時間を区切れなくなっています。

とくにメールやLINEなどが送られてくると、それが夜の10時、11時でも、気がついたら、つい返信してしまうというのは、誰もがしていることではないでしょうか。

知らないうちに24時間営業のような状態に陥ってしまうわけです。

多くの人が、仕事との距離を考えておかないと、どんどん仕事に人生を蝕《むしば》まれてしまう可能性があります。

その仕事がライフワークで、本当にやりたいことであれば、それでもいいでしょう。でも、そこまでやりたくない仕事に人生を浸食されていくのは、どうでしょうか。イヤだなと思っても、そうしなければならなくなっているというのが、今の「30代」の生き方とも言えます。

テレワークが増えた分、家でしなければならないことが増えた、という人も少なくありません。「ちょっと買い物に行く」「ちょっとゴミを捨てに行く」「ちょっと子どもの面倒を見る」など、会社に行っていれば、パートナーに任《まか》せていたことを、自分もしなければならないということになりがちです。

あるいは、仕事と家事の分担でケンカすることも多くなったかもしれません。

もちろんそれは、やって当たり前のことだとしても、もともと超多忙の「30代」は、さらに時間がなくなりやすい環境になったともいえます。だからこそ、仕事との距離をあらかじめ考えておく必要が、いままで以上にあるわけです。

□仕事から離れる生き方もある

今の時代は、結婚しても、子どもを持っても、仕事を続ける人がほとんどだと思います。でも30代になって、仕事から大きく離れていく人たちも、ある程度の数でいます。男性、女性にかかわらず、それには次の3つのパターンがあります。

（1）結婚や出産を機に、仕事を辞める
（2）いまの仕事が合わず仕事を辞める
（3）自分の病気や、家族の介護のために仕事から離れる

その決断により、仕事に復帰しにくくなるということもあると思います。

仕事との距離が遠くなるわけですが、だから不幸ということはありません。

仕事との距離と本人の幸せとは、直接は関係ないのですが、仕事から離れて初めて、「自分の人生を手に入れた」と感じる人もいれば、「仕事に対して、ものすごくやりがいを持っていたんだ」ということに気づく人もいます。

これは離れてみないとわからないことなので、忙しく仕事をしている人にとっては、未知の領域かもしれません。

2〜3年セミリタイアしてみて、また戻ってくるという生き方もあります。日本では、まだまだ一般的ではありませんが、これからは、そういった生き方を選択する人も増えていくでしょう。

僕の場合には、子どもが生まれたのをきっかけにセミリタイア生活をスタートしました。でも、子どもがいる、いないに関係なく、たとえば1年間仕事を休んで、また違う仕事に就くというのは、欧米などでは、それほどめずらしいことではありません。

欧米には、「ギャップ・イヤー」という制度があります。もともとはイギリスから始まったのですが、高校卒業から大学入学までの期間を、たとえば世界中を旅行するというような、大学では勉強できないようなことをすることを推奨しています。

いまでは、大学在学中あるいは大学院在学中にその期間は広がって、就職しても、「ギャップ・イヤー」を取る人たちが増えています。

日本では、大企業はいまだに終身雇用が前提なので、20代の中頃に、「ちょっと1年間お休みして、世界を旅行してきます」と言ったら、「大丈夫か」と心配されるでしょう。

でも、世界には、仕事に関していろんな考え方があり、生き方を選べるということを知っていれば、あるタイミングで、人生を変えることができるかもしれません。

そして、少しの勇気があれば、人生で中休みを取るということもやってみましょう。

きっと、新しい出会いや気づきがあると思います。

また、人生の豊かさは、ゆったりする時間にあります。

緑の中で、家族と静かに一緒にいたというような時間が、あとから振り返って、「かけがえない宝石のような時間だった」と思えるのです。ずっと仕事ばかりしていると、そういう豊かさに気づくことができません。

〔13〕

大好きで得意なことを
仕事に生かす

□ あなたは、何のプロになりますか？

人生100年時代で考えると、「30代」はまだまだ若い世代ですが、学校を卒業して、すぐに就職した人は、すでに10年、またはそれ以上、仕事を続けてきたわけです。その意味では、やる仕事も、ポジショニングも、「20代」とはまったく違います。

どんな仕事も、10年続けるとプロになれるといわれますが、ここからまた、次の4つの道に分かれていきます。

（1）その仕事のプロとして、どんどん専門性を高めていける人
（2）ゼネラリストとして、庶務、経理、その他全般をやっていく人
（3）単純作業をやる人

（4）右のどれも、あまりできない人

たとえば、マーケティングにしても会計にしても、その分野で質の高い仕事をしてくると、年収も上がり、経済的な成功、社会的な成功につながっていきます。

けれども、そうした人はじつは少数で、多くの人たちは、自分の専門性が何かもわからないまま、何のプロでもない生活をしています。

「自分には得意なこともないし、やりたいこともないし……」

そうして、仕事を続けていくわけです。

大企業であれば、ある程度の生活は保障されています。中小企業であれば、大企業ほどには保障されていません。フリーランスであれば、何の保障もないという環境の中で、仕事をしていくわけです。景気の良し悪しで給料が増えたり、減ったり、最悪はゼロになることもあります。コロナ禍の時代の次の時代は、何か提供できるものがはっきりしていない人たちは淘汰《とうた》されていく――そういう可能性があると思います。

仕事をやるとしたら、「何のプロになるのか？」ということを決めておくことです。

それをしないと、キャリアを積み上げていくことができません。

積み上がる仕事をしていなければ、気がついたら「40代」になっても、専門性はまったく高まっていないとなったりしがちです。

「プロ」というと、スポーツ選手とかアーティストとか、なにか特別な才能がある人のイメージがあるかもしれませんが、「専門分野の知識」があって、それを仕事にしていれば、それがプロフェッショナルです。「何のプロになるのか」というのは、その意識を持って仕事をしていくかどうか、ということです。

もしも、今の仕事ではプロ意識を持てないという人には、3つの選択肢があります。

(1) 今の仕事を改善していく
(2) 転職する
(3) 独立する

ほとんどの人たちは、どれも面倒に感じてしまいがちです。

でも、「30代」の今のうちに、仕事としっかり向き合っておかないと、10年後には、後悔することになるかもしれません。

誰でもできる仕事を普通にやっている人は、リストラ対象になります。30代のうちは良くても、40代、50代でもいい加減な仕事をやっていると、会社から見たら、ずっと働いてもらいたい人材ではなくなります。

心から楽しめる仕事、一生をかけてやりたいような仕事を30代のうちに見つけましょう。

それが、見つかったら、自分で独立したくなるかもしれません。

もし、独立を考えるのなら、あたりまえですが、プロになる道を選ぶことになります。

その分野で、お金をもらってもいいぐらいのクオリティーのものをずっと提供していけないと、事業を継続することはできないでしょう。

同じ技術でも、まわりから目立つような売りも必要です。絶えず自分のスキルをアップしていかなければ、生き残るのは難しくなります。

適当にやっていては、自営業やお店はすぐにダメになります。

中途半端な自分から、30代のうちに、卒業しておきましょう。

□自分の一日のエネルギーの使い方を見る

仕事に関して、どういうエネルギーを自分が使っているかという視点から、朝起きてから夜寝るまでの一日をチェックしてみましょう。

たとえば朝起きて、あまりテンションが上がらないまま、なんとなく出勤して、ミーティングに出たり、お客さんのところに行く。そして、ランチのあとは、また一つ二つ会議があって、盛り上がらないまま、午後8時くらいまでズルズル仕事をする――これを毎日繰り返しているとしたら、どうでしょうか。

自分のエネルギーも、それほど出ていないかわりに、エネルギーをもらってもいない、と感じているのではないでしょうか。

一方で、仕事をクリエイティブにやっている人たちは、朝、他の人たちが出社する前から、いろんなアイデアを思いつき、段取りを考えて、普通の人が仕事を始める頃には、すでにいくつかのプロジェクトが片づいている。そんなあり得ないスピードとクオリティーで、仕事をどんどんこなしていきます。

そういう人は、ずっと、ワクワクエネルギーがまわっている状態です。

電話一本、メールを一つ二つしただけで、プロジェクトが進んだり、たとえ問題が起きてもすぐに解決したり、という独特のリズム感で仕事をしていきます。

一日が終わったときには、「今日は面白かったな」「すごく進んだな」という充足感でいっぱいです。夜は心地よい疲れを感じながら、寝ることができます。そんな日々を送っていると、もちろん朝も、すっきりと目覚めることができるでしょう。

一方、仕事がうまくいっていない人は、朝起きたときに、「ああ、イヤだな」というところからスタートしているのではないでしょうか。

そして、刑務所に連れていかれるような気持ちで仕事に向かい、出社しても、上司やお客さんに怒られたり、同僚や後輩からは邪魔者扱いされたりします。あるいは、自分で自分のことがイヤになったり、落ち込んだりしているかもしれません。いずれにしても、ポジティブなことがほとんどないまま、一日が終わってしまいます。

何をやっても評価されない、感謝もされない。誰かにイライラされたり、小突きまわされたりしているような気分で、出てくるのは溜息《ためいき》ばかりです。

帰りの電車でも、「何やってんだろう」と落ち込んで、「早く辞めたいな。でも、辞めたら生活できないし……」と思いながら帰途《きと》につく。そういう苦しいエネルギーの使い方をしている人もいるでしょう。

「仕事に関わるエネルギー」という側面で考えると、幸せな一日と、そうでない一日があるわけです。

人生は、一日一日の積み重ねでできていきます。

誰かを幸せにして、「すごくうまくいっている」と感じながら仕事をしている人もいれば、よくわからないまま一日が過ぎていくという人もいる。「あ〜あ」と頭を抱え込みたくなるような、残念な気持ち、居たたまれないような気持ちで一日が終わるという人もいるでしょう。

自分のエネルギーをどう使うのか、どういうエネルギーに触《ふ》れるのかで、毎日は変わっていきます。

うまくいく人は、愛と感謝、喜びとワクワクに満ちあふれて仕事をしています。問題が起きたとしても、クリエイティブな方法を使って解決できると思っているので、基本的には、自分の本当に楽しいこと、やりたいことにエネルギーを割《さ》けるわけです。

普通の人は、それほど自分らしさを発揮することなく、なんとなく仕事をして、あるときはうまくいき、あるときはうまくいかない。その繰り返しで毎日がなんとなく過ぎていきます。

うまくいかない人は、何をやっても中途半端なので、どんよりした感じのエネルギーになっています。そのエネルギーで仕事をしても、やっぱり問題が起きて、挫折するということになってしまうのです。

自分が幸せなエネルギーの中にいるのか、あるいは、あまり楽しくないエネルギーの中にいるのかを見ておくことです。

また、自分のエネルギーの使い方を振り返ったときに、「理想的な使い方」というのも考えてみましょう。

たとえば自分のまわりを見てみると、「あんな一日を送りたいな」というエネルギーの使い方をしている人が、一人や二人は見つかるはずです。

直接の知り合いでなくても、小説などの登場人物でも、有名人でも構いません。その人が一日をどんな感じで過ごしているのかを、あらためて見てみるのです。

たとえば、森の中で生活している人、というのはどうでしょうか。

朝はガーデンで摘《つ》んできたハーブで、ハーブティーを飲みながら、仕事のアイデアをまとめたりします。ランチは、自分が育てているオーガニックガーデンのサラダで、午後はメールをしたり、誰かに電話したり、プロジェクトを進めたりしているイメージです。

あるいは、スーツを着て、オフィスビルからオフィスビルへハイヤーで移動していくような、そんな働き方をしている人をロールモデルにするのもいいでしょう。

あるいは、仲間と一緒に、会議室というよりは、キッチンに集まるような感覚で、ワイワイおしゃべりをする中で、アイデアを出し合ったりしながら仕事をしていきたいという人もいるでしょう。

あなたにとっての心地よいエネルギーを、想像してみてください。

□何が得意か、自然にできることは何か

「30代」になると、自分は何が得意で、何が不得意かということもわかってきます。上手にできることもあれば、どれだけ努力しても、「自分には無理」ということが、誰にでもあるものです。

給食で苦手なものが出されることもあったでしょう。

昭和の時代には、「好き嫌い」をなくすことがよいとされて、嫌いなものでも、「無理してでも食べなさい」と言われたものです。

今は、そんなことはないかもしれません。

無理なことをするより、得意なことを伸ばしていくほうが、エネルギーもよくまわっていくと思います。

では、「得意なこと」は何かというと、あなたが自然にできることです。

それを見つけるのが、仕事の醍醐味《だいごみ》、人生の喜びになると僕は思っています。

何が得意か、自然にできることは何か、ということがわからない人たちは、いっぱいいます。

彼らは、上司や会社から、誰でもできる仕事を与えられて、「この仕事をするのは自分じゃなくてもいいのにな」と思いながら、仕事をしていくことになります。

「この仕事は自分にしかできない」という感覚で仕事ができている人は、評価も高く、自分に無理がないので、「これならいくらでもできる」というほど、ラクに仕事を進めていくことができます。幸せに仕事をしていくことができるわけです。

「こんな仕事は、誰にでもできるよ。はぁ、やりたくないな」と感じながら仕事する人は、残念ながら、報酬は高くなっていかないでしょう。

それがわかっていても、生活のために仕事をしているという人は、「自然にできること」や「得意なことをする」「才能を生かす」といったことは「夢の世界」の話だと感じています。毎日を、ただただやり過ごす、ということになっているんじゃないかと思います。

その状態から出るためには、「何が得意か」を考えていく必要があるわけです。

自分が、何を仕事としていくのかは、それをずっと続ける前提で考えましょう。

生活のために仕事をしている人は、年金が支給される歳まで仕事を続けなくちゃいけないと考えているのでしょう。

年金の支給は遅くなっているので、いま「30代」の人たちは、「65歳」になっても支給されず、「70歳」、いやもっと遅くなるかもしれません。

それまでずっと自分のやりたくない仕事を続けるのか、あるいは、途中で自分のやりたいことにシフトするのかで、人生は全然違うものになるでしょう。

100パーセント自分のやりたい仕事をやれる人は、ごく少数です。

そこまではいかないまでも、「7割はやりたいことができている」「8割はやりたいことができている」「9割はやりたいことができている」というように、そのパーセンテージが高ければ高いほど、その人の毎日は楽しくなっていきます。

逆に言えば、自分がやりたくないことをしていたら、その分だけ楽しくもなければ、仕事もうまくいかない、となってしまうでしょう。

〔14〕

趣味を楽しむ

□自分の好きなことが、だんだんできなくなっていくのが30代

あなたには、何か趣味がありますか？

たとえば、学生時代はサーフィンにはまって、週末は必ず海に行っていた人も、「そういえば最近は行けていない」ということがあるのではないでしょうか。

映画や芝居を観るのが面白くて、ヒマさえあれば映画館や劇場に通っていたという人もいるでしょう。

楽器演奏に夢中になったり、料理に凝ったり、それをするのが何よりも楽しみで、道具を買いそろえたり、海外に足を延ばしたりしたこともあったかもしれません。

20代のうちは、まだ趣味の時間を楽しめていた人も、30代に入ってからは、いつのまにか、その趣味から遠ざかってしまう人も多いようです。

14 趣味を楽しむ

結婚したり、子どもを持ったりして、いちばん大きく変わるのは、時間の使い方です。

自分の自由になる時間が激減して、趣味どころではなくなってしまうのです。

仕事の面でも、時間をとられるようになります。

たとえ週末は時間があるという人でも、体力が落ちて、「休みくらいは寝ていたい」と、いつのまにか思うようになります。

これは、10代、20代のときには、思ってもいなかった「変化」かもしれません。

気持ちだけは20代のままなので、そんな変化を受け入れられない人もいるかもしれません。なんとか、これまで通りに過ごしたいと思いながら、少しずつ趣味から離れていく生活に焦ったり、寂しく思ったりすることもあるでしょう。

かわりに新しい趣味を持つのも悪くありませんが、たいていは、今やるべきことが多すぎて、意識がそこまでまわらないのではないかと思います。

20代のときに趣味がなかったという人は、それこそ、新しい趣味なんて「それどころじゃない！」はずです。

一日を、仕事をする時間、家事をする時間、食事をしたり、眠ったりする時間で振り分けていくと、30代では、趣味の時間を取るのは至難の業と言ってもいいほどでしょう。

では、そんな時間は必要ないかといえば、僕は違うと思います。

趣味のある人とない人とでは、後々、人生の豊かさに雲泥《うんでい》の差が出ていきます。

食べたり、働いたり、寝たりする時間は、生きていくうえで必要な時間です。そう考えると、趣味は、絶対に必要なものではありません。

たいていの趣味は、お金になることもなく、また直接仕事に関係しているわけでもなく、いわば、無駄な時間だと言うこともできるでしょう。

だから、忙しくなった今では、その優先順位が落ちてしまったわけです。

けれども、それだからこそ、趣味の時間を楽しむことが大切です。

なぜなら、まったく無駄だけど楽しいことは、あなたをエネルギー的に満たしてくれます。そういうエネルギーチャージがある人は、仕事や子育て、育児にも頑張ることができます。でも、充電されなければ、生命力が枯渇《こかつ》してしまいます。それが、30代で無気力になったり、うつになっていく遠因をつくることにもなりかねません。

□趣味は人生を豊かにしてくれる

あなたが最後に、趣味を楽しんだのはいつですか？

その前に、あなたには、どんな趣味があったでしょうか？

「趣味」といってパッと思い浮かぶものには、たとえば読書や映画鑑賞、旅行やダンス、ゲーム、切手や鉄道グッズなどの蒐集《しゅうしゅう》などなどがあります。

趣味がある人というのは、一つの趣味だけでなく、いくつもの趣味を持っているという人が少なくありません。それに対して、趣味がない人というのは、30代になってなくなったというよりは、もともと趣味がなかったという人が多いのです。

そこで最初の質問ですが、「最後に、趣味を楽しんだのはいつか」という質問に、「昨日です」と答える30代は少ないはずです。

ギターが趣味だった人は、「考えてみたら、もう3年もギターに触《さわ》っていない」ということも、決してめずらしいことではないでしょう。

趣味というのは、お金にもならないし、仕事にも関係しないことが多いですが、だからこそ、純粋に「楽しめる時間」にもなります。

これまでずっと、趣味がなかったという人は、そもそも趣味とは何かがわかりにくいかもしれません。

ここであらためて、「趣味の定義」をあげるなら、「お金や時間をいくらかけても楽しいこと」です。

仕事では、「効率」が優先されます。

できるだけ、お金も時間もかからないで、成果を上げることがいいわけです。

でも、趣味は違います。効率は度外視するのが、趣味の世界です。

何の得にもならないのに、お金も時間もかけていくわけですが、なぜ、そんなことをするのかといえば、その人にとって、それが何より楽しいからです。

たとえば僕の知り合いで、鉄道模型にはまっている人がいます。

自分が好きな列車の模型のプラモデルを買って、つくっていたそうです。でも、凝ってくると、プラモデルでは飽き足らず、カスタムパーツといって、自分でパーツを切り出してつくるようになりました。そこからさらに、原寸の16分の1というような、もう実際に子どもが乗れるくらいのものをつくったりしているようです。

鉄道模型の世界は深くて、自分のつくった列車を走らせるために、広大な敷地を手に入れる人もいるほどです。

趣味というのは、だんだんエスカレートしていく魔物の世界です（笑）。

その楽しさは、当人にしかわかりません。他人からすれば、「何が面白いんだろう」というようなことに、その人にとってのワクワク感があるわけです。

とにかく、お金もエネルギーもかけて、没頭《ぼっとう》してしまうのでしょう。それだけエネルギーをかけられるものがある、ということだけで、その人の人生は豊かになります。

人生に豊かさをもたらしてくれるのは、趣味だけではありません。

たとえば仕事で成功したり、プロジェクトがうまくいったりすれば、それはそれで達成した瞬間は楽しいはずです。

でも、その途中は、かなりしんどいかもしれません。仕事の面では、楽しんでそれができている人は、現代では少数派だと思います。

ところが、たとえば週末のドライブが趣味だという人は、「明日どこへ行こうか」と考えただけで、夜も眠れないほど楽しかったりするものです。

そういう人生の楽しみ方もあるのです。

「人生は楽しむためにある」と考えることも、「人生は苦労の連続である」と考えることもできます。

もし、人生を楽しもうと思ったら、この世の中には、楽しいことが無限に存在していることを知ってください。そして、あなたを楽しませてくれるものが「趣味」なのです。

趣味のない人は、人生の大切な時間を、ひょっとしたら仕事だけに使っている可能性があります。それだと、人間的にも幅のないつまらない人物になってしまうかもしれません。

もし、60代以降の人生をエンジョイしたければ、30代のうちから「趣味を持つこと」です。そして、毎日、毎週、それをすることは難しくても、趣味を楽しむ時間を積極的につくることで、人生は楽しくなっていくものです。

□楽しくて仕方がないことをする

趣味を持ったほうがいいと言われても、何を趣味にすればいいかわからない人も多いかもしれません。

「趣味」を持たなくても、生活していくことはできます。また、人に言われてやるものでもありません。だから、自分で趣味を持ちたいと思わなければ、見つけられません。

どうしても「趣味」を見つけたい人は、どうすればいいのでしょうか。

実際に趣味を楽しんでいる人たちに、そのきっかけを聞いてみると、最初は誰かに誘われていることが多いようです。

たとえば、それまではまったく興味なかったのに、たまたま取引先の人にゴルフに誘われて、断り切れずに行ってみたところ、はまってしまったという人もいます。

宝塚歌劇団のチケットをもらって行ったら、それ以来、舞台を観に行くようになったという人もいます。

もともと好きだったこと、得意だったことから、趣味にはまる人もいます。

ある歯科医は、子どもの頃のプラモデルが出てきて、面白半分にやってみたところ、ヒマさえあればプラモデルと格闘しているそうです。もともと手先が器用だから、歯科医になったのでしょう。傍《はた》から見れば、歯科医の仕事もプラモデルづくりも似たようなもので、「もっと違う趣味を持ったほうがいいんじゃないか」とも思いますが、そんなことは余計なお世話ですね（笑）。

楽しくて仕方がない趣味があることは、その人の幸せ度を高めると思います。

趣味というのは、子ども時代から、好きでやっていたことが多いようなので、趣味を持ちたい人は、子どもの頃に好きだったことを思い出してみましょう。

たとえば、絵を描くのが好きだった人は、絵を描き始めてみる。歌うのが好きだった人は、歌や楽器を習ってみる、というのも、はじめの一歩になります。

いま、40歳、50歳から始める「大人のピアノ教室」が活況《かっきょう》らしいのですが、なにも40代まで待たなくてもいい、と思うのです。

「趣味」の素晴らしいところは、それをするだけで、エネルギーが上がって、心もからだも、パワーアップしていくことです。テンションが爆上がりして、「疲れていたはずなのに、いつのまにか回復していた」というようなことが起きたりします。

逆に言えば、ふだん疲れやすい人、エネルギーレベルが低い人は、そうした趣味がない、ということもあるかもしれません。

好きな仕事ができていたり、その仕事で認められたりすると、自分の中のエネルギーレベルが上がっていくことを実感できます。仕事や日常の生活で、それを体験できれば最高ですが、なかなかそうはいかないのが現実でしょう。

そこで「趣味」の出番となるわけです。自分のエネルギーが自然に出てくる——「趣味」というのは、そういう分野を担《にな》っているものでもあると思うのです。

趣味には、スポーツやダンス、ヨガや座禅など、からだを動かすジャンルもあれば、語学や知識の世界を深めるような、知的好奇心を満たすジャンルもあります。料理やお酒を楽しむような、食に関するジャンルもあります。

激しいアクションを伴いながら楽しむものもあれば、じっと動かず、その人の頭の中だけで世界が広がっていくものもあります。

「趣味」は何でも有りです。

自分がワクワクして仕方がないこと。それが趣味です。

趣味のすごいところは、同じ興味を持つ仲間が自然に増えていくことです。彼らとの雑談は、とっても幸せな時間になるでしょう。

バイクでツーリングしている中高年の人を見かけますが、第二の青春を謳歌《おうか》しているようで、みんなとっても幸せそうです。

冗談を言って笑い合ったりして、仲間に入れてもらいたいなぁと思うほどです（笑）。

趣味は、その人の幸せの源泉です。いますぐに、それを実際に時間をかける余裕がなくても、趣味を楽しんでいる自分の写真を見るだけでも、ほっと一息つけます。

多忙を極める30代の人は、「落ち着いたら、もっと趣味に時間を使いたい！」と思うだけでも、楽しい気分になれるのではないでしょうか。

〔15〕

人生のプランを立てる

□残りの人生をシミュレートしてみる

「30代」では、自分の人生がすぐに終わると思っている人はあまりいないでしょう。日本人の平均寿命からすれば、まだ折り返し地点にも至っていないわけです。

親にしても、よほど大きな病気をしていない限りは、平均寿命まではまだあると思っていますから、死は現実的ではないかもしれません。

そう考えると、30代にとっての「死」は、やや遠いところにあると言えます。

10代、20代の頃には、「自分なんて死んだほうがいいんじゃないか」と思いつめたりした人もいるでしょう。悩み苦しむ中で、絶望感から生死の世界をさまようような感覚に陥る人もいます。そういうとき、死への誘惑は意外と近くにあったと思います。

40代になると親の死を意識するようになります。自分の親は元気でいたとしても、友達の親が亡くなったり、かわいがってくれた伯父さん、伯母さんなど、知り合いや親戚の人たちで亡くなる人が増えていきます。

死との距離を見たときに、その狭間《はざま》である「30代」は、感覚的にまだ遠いでしょう。自分の人生がいつかは終わる、という感覚もまだないかもしれません。それどころか、自分が「老いる」ということについても、実感もあまりないと思います。

20代のときに比べると、多少は、「お腹まわりがちょっと太ってきたかな」「化粧のノリが今ひとつ?」と思っても、長い人生から見たら、まだ成長期です。

人生の時間を観覧車にたとえるなら、80歳で一周するとしたら、頂点は「40歳」です。つまり、それまでは上に向かっていくわけです。40歳の頂点を経て、初めて下がっていく自分を知るのです。

そのときになって、自分の後半生を考えるようになります。

でも、人生は先手必勝です。

30代の今のうちに、「自分の人生」というものを見ておきましょう。

僕が自分の30代を振り返ってよかったと思うのは、子どもが生まれてセミリタイア生活をしていた4年間、自分の人生をどう生きるのか、真剣に向き合う時間を取ったことです。「これからの人生をどう過ごしていくのか」について、明確なプランを立ててみました。50代になった今、当時の計画から20年目が終わったところです。予定通りになったこともあれば、軌道修正が必要だったこともあります。

でも、それができたのも、プランがあったからです。

もしもプランを立てていなかったら、それこそ、日々の忙しさにまぎれて、「成り行き任せ」になっていたかもしれません。それも一つの生き方ですが、それだと、本当にやりたかったことができないままになっていた可能性もあると思います。

あなたは、自分の人生をどう終えたいですか？

これからの50年で、まだ体験していないことをいっぱい体験できます。

結婚したり、子どもを持ったりしたいですか？

仕事についてはどうでしょうか。どんなことをしたいと思いますか？

フルタイムで働くのか、3分の1くらいにしておくのか、あるいは専業主婦（夫）のように、仕事からしばらく離れるのも有りです。

また、ライフスタイルについては、どこに住むのか？――都会で暮らすのか、自然が多い場所で暮らすのか、外国で暮らすことも選択肢に入れてみましょう。

そうして考えてみると、人生は長いようで短い、短いようで長いのです。

できることは何でもしたいと思っても、その全部をする時間はありません。

だからこそ、自分は何をして生きていくのかをじっくり考えて、30代のうちに、人生をシミュレートしておくことをオススメします。

「これからすごく面白い人生が始まる」とあれこれ想像をふくらませましょう。

一回きりの人生です。

自分がおじいちゃん、おばあちゃんになっていくプロセスをあれこれと想像するのは、案外楽しいものです。

できるだけ奇想天外なストーリーをつくってみるのも、自分の枠をはずすためにはいいでしょう。

会社員をやりながら本を書いて、ベストセラー作家になって海外に住む！　なんていうことを夢想してみるのも楽しいと思います。

□30代のうちに手持ちのカードを増やそう

「これからの人生を、どんな感じで生きたいですか?」

と聞かれて、明確に答えられる人は少ないようです。

「できれば結婚して、子どもを持ちたい」

「起業して成功したい」

「できるだけ働きたくない」

「世界中を旅行したい」

などなど、答えは人それぞれですが、たいていの場合、具体的なことはあまりないものです。それでは、「人生プラン」というよりは、目が覚めたら消えてしまう「夢」のようなものと言ったほうがいいでしょう。

でも、それでは、あっというまに、気づいたら「50代」になった自分に愕然とします。

考えてみてください。

今が「30歳」だとしたら、「50歳」までは、あと20年です。

今が「35歳」だとしたら、「50歳」までは、あと15年を切っています。

35歳の15年前といえば、20歳です。

20歳から35歳までを思い返してみると、それこそ、あっというまだったのではありませんか？

時間というのは、年齢を重ねるごとに、速く感じるようになります。年末年始を迎えるたびに、もう一年たってしまったかと感じているのではないでしょうか。

20歳からの15年よりも、35歳からのこれからの15年は3倍速く過ぎていくように感じるものです。そして、もちろん50歳になってから人生をやり直したいと思っても、すでに手遅れになっていることも少なくありません。

そうならないために、今があるわけです。

さあ、あらためて、これからの人生をどうしたいのかを考えてみましょう。

そのとき、自分にはどんなカードがあるかを見ておきましょう。

カードには、あなたが選択できるライフスタイルが描かれています。

あなたは今、何枚のカードを持っていますか？

カードの枚数が多ければ多いほど、あなたの選択肢は広がります。

もしかしたら、「1枚も持っていない」という人もいるかもしれません。

自分のこれからの人生を、考えてこなかった人たちです。そして、30代になったばかりという人であれば、そういう人のほうが多いでしょう。

カードを増やすには、いろいろな人たちの生き方、ライフスタイルを知ることです。

たとえば「作家になりたい」と思うなら、「どんな作家になりたいか」。実際の作家の生き方、ライフスタイルを知り、そこから自分の望むかたちを選択すればいいわけです。

30歳になったばかりの僕自身、「作家になる」というカードを持っていましたが、それはあまりにも漠然としていました。情報と想像力が足りなかったのです。

情報を集めるだけで、カードはより具体的になっていきます。

カードがなくても、作家にはなれたかもしれません。けれども、たとえ一時、作家になれたとしても、50歳を過ぎても続けていくことは無理でした。

僕が30歳のときに持っていたカードでは、50歳までは勝負できなかったと思うのです。

今のあなたにカードがなくても心配はいりません。これから増やしていけばいいのです。試行錯誤《しこうさくご》できる30代のうちに、手持ちのカードを増やしていきましょう。

残りの人生で、どれだけ仕事をして、どれだけのお金を稼ぎ、そして、そのお金をどう使うのかを考えてください。

ほとんどの人たちは自分が持っているカードの少なさに気づくこともなく、「これからも仕事に恵まれますように」「この先にいいことがありますように」と、まるで神社で祈るような感じです。

30代は可能性に満ちた年代ですが、何も考えていないと周囲の思惑で人生を生きることになります。

環境がよければいい人生になることもありますが、もしも劣悪な環境だった場合には、人生はどんどんつまらなく、尻すぼみになってしまうのです。

□これからの50年で何をするか

人生は結局、時間の使い方で決まっていきます。

1日8時間、あるいは10時間を毎日オフィスで働いているとしたら、それがあなたの人生になっていきます。

それが楽しかったり、充実感をもたらしてくれたりしているというのであれば、もちろん、そういう人生は悪くありません。むしろ幸せな人生です。

けれども、よくわからないTO DOリストに追いまわされているうちに人生が終わってしまったとしたら、これほどつまらない人生もないでしょう。

コロナウイルスの感染拡大は、日本では2020年から始まり、それによってテレワークが増え、働き方が大きく変わりました。

「会社に行かなくても、仕事はできるんだ」ということに気づいた人も多いでしょう。そのことがきっかけとなって、移住を決めたり、広い部屋に越したりという人もいたでしょう。仕事の時間、家族との時間が大きく変わったはずです。

自分にとって、何が大事なのかがわかって、実際に、それを実践できるようになった人が増えたことを思うと、コロナも悪いことばかりではなかったと言えるかもしれません。

とくに、それを20代後半から30代で体験できたことは、あなたの、これからの人生を変える一年になったと言うこともできます。

それまでの慣習や常識が変わって、「面白い人生」を生きることにフォーカスしやすくなったわけです。

それでも、人も社会も、そう簡単には変われないものです。

まだまだ過去の生き方、働き方にしばられて、この人生の時間を、自分はどう使っていくのか、ということまでカメラを引き切れていないところがあるはずです。

そうだとしたら、ここで「自分のツボ」を確認しておきましょう。

自分にとって、人生の急所、要所はどこかを押さえておくのです。

たとえば、「どんな人と話をするとワクワクするのか?」「どんな打ち合わせやミーティングだと盛り上がれるのか?」「どんな商品やサービスだと、時間があっというまに過ぎていくのか?」といったことを考えてみましょう。

あなたがワクワクすること、盛り上がれること、時間があっというまに過ぎていくことは、すべて、あなたのツボです。

「ツボ」が「働くこと」とは決まっていません。何もしないで、ダラダラ過ごすことが自分のツボだという人もいるでしょう。

一つの場所に住むより、日本全国、あるいは世界を旅することがツボになる人もいます。

これからの50年という時間を、どう使っていくのか。それによって、あなたのライフスタイルが決まります。

そして、ライフスタイルに不正解はありません。

あなたがいいと思うスタイルが、あなたにとってのベストなスタイルになります。

自分のライフスタイルを確立するためのプランを立てていきましょう。

〔16〕

お金と上手につき合う

□生涯年収の95パーセントは、30代の過ごし方で決まる

20代では、お金についてあまり考えてこなかった人も、30代になって、真剣に考え始めた人は多いでしょう。

30代になったばかりの人たちは、この10年で仕事や社会のことを学んできたはずです。この間は、それほどお金は必要なかったし、20代のうちは、お金がないのが普通だから、もっとあればいいのにと思うことはあっても、だからといって、お金のことで、恥ずかしい思いをしたり、不満を感じたりということはなかったでしょう。

でも、30代になると、稼ぐ人が出てきて、同じ年齢で、これほど年収に差があるのかと思うこともあるはずです。

引っ越し、結婚や出産、育児、何をとっても、やはり、お金は多くあるのに越したこと

はありません。留学や独立など、お金がないとそもそもできないこともあります。

お金は、人生の重要な局面に絶対に必要です。

では、ここからお金に恵まれる人と、そうでない人の違いはどこにあるかを見ていきましょう。

お金に恵まれたいなら、生き方、働き方を変える必要があります。お金に恵まれない人は、普通の働き方をしています。

その人が稼げる生涯年収は、30代の過ごし方で95パーセントが決まると言っていいでしょう。一生でいくら稼げるかは、どういう仕事を、どういう立場でやるのか、にかかっているからです。そして、そのスキルを学べるのも30代です。

たとえば、従業員として働くのと、経営者として働くのでは、違いがあるのは当然でしょう。ただし、経営者のほうがたくさん稼げるかというと、そうとは限りません。

経営者の報酬は、その会社に利益があって初めて得られるものです。つまり、儲かっていない会社の社長は、毎月の給料が出る保証はありません。下手をすれば持ち出しです。

それに対して、従業員として働いている限りは、毎月、給料が振り込まれます。金額はともかく、安定した収入を得ることはできるわけです。

そして、従業員の給料は、その会社がどれだけ大きいのか、利益があるのかで決まっていきます。

大企業であれば、その社員の生涯年収は3億円くらいになるでしょうか。若くして役員になれば、生涯賃金は、小さい会社を経営するよりも多くなります。

従業員として中小企業で働いたら、1億円くらい、フリーランスでは生涯で稼げる金額は5000万円くらいと言われています。

お金は、そのもらい方でも、全然違ってきます。

毎月、給与として20万円から30万円、あるいは50万円程度をもらうのか、あるいは自営業的に、一つの仕事ごとに数十万円から数百万円をもらうのか。後者のほうが、より多く稼げるということはあると思います。

いずれにしても、たとえば年収で、3000万円以上を稼ぎたいと思うならば、よほど特殊な才能を発揮しないと、それは難しいでしょう。

従業員で行くのか、どこかで独立するのかも、30代のテーマです。

□お金との距離感を学ぶ

お金とのつき合い方は、どれだけお金に対してエネルギーをかけるのか、あるいは、どれだけ受けとるのか、といった距離感でも変わってきます。

そして、それを学ぶのに適しているのが、「30代」という年代です。

有能な人は、お金と仕事にのめり込んでしまいがちです。

億万長者になれても、結局は、仕事とお金の奴隷になってしまうのです。成功した経営者にはこのタイプが多く、僕自身、そういう人たちをたくさん見てきました。

その反対のタイプ――お金や仕事に縁がない人たちは、お金を稼ぐよりも、お金をやりくりするほうにエネルギーを注ぎます。これがストレスになっていきます。

お金の奴隷にならず、お金のやりくりでストレスを感じることなく、仕事がそこそこできて、お金に困ることなく、人生をエンジョイできるのが理想です。

でも、その理想の状態を実現することは、案外難しいのです。

実際は、仕事と家事、育児、介護などに忙殺されながら、お金もあまり入ってこない、ということになりがちです。

そうならないためには、30代のうちに、経済的な基盤をつくり始めることです。これから、一生お金に困らないための準備を始めましょう。

気をつけたいのは、20代の10年を無駄にしないことです。

たとえば、30代で、それまで働いていた仕事を辞めてしまったら、どうでしょうか。

それまで勤めていた会社と、完全に縁が切れてしまうと、「これまでの10年間は何だったんだろう」となってしまいます。

それは、結婚生活とも似たところがあるかもしれません。30代で結婚して、10年で別れてしまったとなれば、その10年を棒に振ったような気持ちになるかもしれません。

離婚や転職がダメだというのではありません。この10年を意味のないものにしない意図が大事なのです。

その10年の経験を生かして、未来に生かすことを常に考えましょう。

そして、急に変化することも期待しないことです。

30代をずっと従業員として過ごした人が、いきなり40代から起業家になるのは難しいものがあります。

毎月何十万かが安定的に入ってくる生活をしていて、自分で稼ぐ生き方にスイッチするには、よほど頭の中を替える必要があります。

従業員がダメで、経営者がいいというわけではありません。

今の仕事のしかた、考え方で、いいのでしょうか？

10年後の理想の自分に合う働き方をイメージしておきましょう。

自分は今、どれだけの仕事ができているのか。

自分は、世の中をどう見ているのか。

自分は、何をしたいのか。

それを考えてみることで、お金とのつき合い方も決まっていきます。

□ お金で人生を台無しにしない

お金の問題は、稼ぎすぎても、稼がなさすぎても、問題が出てきます。

お話ししてきたように、稼ぎすぎてしまうと、たいていは、そのぶん忙しくなって、人生を楽しむどころではなくなります。思うように稼げない場合も、お金の苦労ばかりが先に立って、やはり、人生を楽しむ余裕は持てないでしょう。

どちらにしても、お金にしばられた生き方になっています。

30代は、人生でいちばん忙しい年代だと繰り返しお話ししてきましたが、それこそ、お金や仕事に追われて、気づいたら30代が終わっていたということにもなりかねません。

ただ、2020年から続いているコロナ禍《か》で、その忙しさにリセットがかかったように感じた人は多いかもしれません。

それまで仕事に恵まれていた人たちは、お金にも恵まれていたかもしれませんが、そのお金を楽しんで使う余裕もなく、毎日を過ごしていたかもしれません。

すでにお金のことで苦労していた人たちは、コロナ禍でさらに苦しくなったという人たちがいる一方で、給付金があったり、出費を抑えることができたりして助かったという人もいるはずです。

その意味では、30代という年代で、このコロナ禍を体験したことは、これからの働き方、稼ぎ方、お金の受けとり方を見直すチャンスだったとも言えます。

それだけ、今後の人生について考えることができたでしょう。

ここで人生を変えないと、30代のあとの数年を同じノリで過ごすことになります。

それでは、コロナ禍はまさしく「禍《わざわい》」でしかないわけですが、変化のきっかけにすることができれば、それこそコロナウイルスにも感謝できるかもしれません。

ピンチをチャンスに変えていける、ということです。

そこで、僕がオススメするのは、お金持ちになる生き方ではなく、お金に困らない生き方をめざすのがいいのではないかということです。

もちろん、お金持ちの道をめざすのも、悪くはありません。その器《うつわ》が自分にあると思うのなら、それも一つの選択です。

けれども、いま大切なのは、経済的安定よりも、精神的自由かもしれません。

つまり、お金のために自分の魂は売らない、ということです。

お金のためでなく、自分を優先するほうが、今の時代の生き方に則《そく》しているように思いますが、どうでしょうか。

30代のうちは、自分の時間を仕事と引き換えにお金を稼がなければならないかもしれません。でも、30代も半ば過ぎからは、その生き方を変えられるかもしれません。

たとえば生活に月に50万円必要だというなら、何をすれば、それだけの報酬が得られるかを考えてみることです。

それを世の中に提供して、お金をもらうという生き方をイメージしてみましょう。

会社に勤めているうちは、会社の都合で振りまわされて、楽しく生きる余裕がなくなってしまっているかもしれません。

自営業であれば、なおさら忙しくなります。月々の経費を払っていくだけに追われて、それ以外のことは記憶が飛んでしまうようになってしまいます。それほど自営業というのは、ストレスの多い働き方だと言えます。

大事なことは、お金との距離を適度に保つことです。

距離が近すぎると、その影響をもろにかぶってしまいます。距離が遠すぎると、何もできないまま、たえずお金に追われることになります。自分がお金とどう距離を保つのか、ということを、30代のうちにちゃんと考えておきましょう。

30代を何も考えずに進むと、まあまあ世間的な暮らしの「プラスマイナス20パーセント」で人生が進みます。

ラッキーだったり、有能だったりすれば、さらにもう少し上に行くことができます。あるいは、「マイナス30パーセント」になる可能性もあります。

ものすごいお金持ちにはなれないかもしれませんが、食いっぱぐれることもない、ある程度、定められた未来というものを感じることになるのではないでしょうか。

それであなたは十分に幸せなのか、それでは満足できないのか、考え始めましょう。

□ 30代はジョブチェンジできる最後の10年

この章の終わりに、30代の転職についてお話ししておきます。

いままでの仕事のやり方を変えようと思って、転職、独立を考える人もいるでしょう。

「30代」は、これまで自分が働いていた業界をチェンジしやすい、最後の10年だと言えます。

逆に言えば、40代以降に転職をしても、これまでとまったく違う業界に移って成功するのは、難しいと考えてください。金融の世界から美容の世界とか、転職で業界まで変えてしまうのは、やはり不利です。

なぜかといえば、40代から新しい分野で1から学ぼうとしても、すでに20年、その業界でやってきた人たちが競争相手になるからです。その人たちと伍《ご》して働くには、よほど有能でない限りは困難でしょう。

たとえば20代、30代を飲食の世界でやってきた人が、とつぜん40代で教育のほうに行こうとしても、ノリから何から違いすぎて、「こんなはずじゃなかった」と思うことが多くなる可能性があります。

でも、30代のうちであれば、ギリギリ業界を変えることができます。

コロナ禍は、いろんな業界を破壊していきました。

観光や飲食の世界は、ある意味、コロナウイルスの直撃を受けて潰《つぶ》されていきました。

もちろん、2〜3年したら復活する可能性はありますが、完全に復活するには、それ以上の時間がかかるかもしれません。

復活したとしても、以前のルールではやっていけないでしょう。

これまで「業界」として守られていたものが、なくなりつつあるわけです。

新しい世界の新しいルールで、仕事をしていくことになります。

業界を変える転職は、今のうちです。

30代のうちに自分の力を蓄《たくわ》えて、40代に臨《のぞ》みましょう。

〔17〕

「何のために生きるのか」を考える

□「人生の目的」を見つける

30代にとって大切なこと――最後の章になりました。

本シリーズの1作目『20代にとって大切な17のこと』の最終章は、「『人生の目的』を考え始める」でした。

「20代」では、「人生の目的」を考え始めればよかったわけですが、「30代」では、「考え始める」のではなく、真剣に考え、見つけることを意図しましょう。

「人生の目的」を考えないままだと、海を漂流するような感じになります。

なぜなら、イヤなことが起きたりしたとき、自分の軸がブレていたら、何のために生きるのか、わからなくなるからです。

「人生の目的」とは、「自分は何のためにこの世に生まれたのか」という問いに対する答えだと、拙著『20代』では書いています。

「人生を生きていく理由、あなたが生きる意味」――それが生きる目的です。

結婚して、自分の新しい家族を持つことで、子どもが生まれたり、あるいは、子どもが亡くなったりということを経験する人も出てきます。

迎える命があり、送り出す命がある。『30代』は、そんな人生の交差点に立っていると言えるでしょう。そこに行き交う命を見届けることを何度も体験する人もいれば、何も起きない人もいます。

たとえ自分の親は元気だとしても、親と同じ世代の親戚や、友人たちの親の死を通して、あなたはこれまで以上に、命が決して、永遠ではないことを体験していきます。

そんなときに、「自分はなぜ生まれて、何をやってから死んでいくのか？」ということを自然に考えるようになる人も多いでしょう。

パートナーを見つけるかどうか。結婚するかどうか。

子どもを持つかどうか。

仕事をどれだけやっていくか。お金をどうするか。

「30代」は、折にふれて、それを考える年代とも言えます。

あなたは、何のために、今ここに生きていると思いますか？

なにか仕事をするためでしょうか？

誰かの支えになるためでしょうか？

あるいは、なにかの作品を残すために、今ここにいるのでしょうか？

あるいは、なにかを学ぶために、今ここに存在しているのかもしれません。

「人生の目的」が見つからないと、その人生は「放浪の旅」になってしまいます。

旅であるなら、確固たる目的がなくても、楽しい体験ができていればいいわけです。

ですが、無目的に旅をしていても、途中で虚しくなる可能性もあります。

もし、「人生の目的」をおぼろげながらでもわかっていれば、途中で大雨が降っても、楽しむことができます。

なぜなら、自分の目的がわかってくると、人生には晴れの日もあり、雨の日もあり、両方を楽しめるメンタリティーに変わっていくからです。

□命のつながりを考え始める

自分の親を看取《みと》り、自分の子どもの誕生を経験することで、これまでも、これからも、決して自分一人で生きているのではないことに気づかされます。

誰にも迷惑をかけないで一人で生きてきたという人でも、法事などで親戚が集まると、祖父母やおじさん、おばさんたちに、小さいときからかわいがってもらったことを思い出すものです。自分は、この人たちと、血がつながっているんだなと実感するでしょう。

子どものいる人は、自分の後に続く命とのつながりも感じて、余計に、その感覚は強くなると思います。

そうして、命のつながりを感じることで、幸福のシャワーを浴びることになります。

そのつながりの中に、幸せを見つける人もいれば、そうでない人もいます。ものすごく幸せな人がいる一方で、ものすごく不幸な人もいます。その差を見るのが、「30代」だとも言えます。

まわりを見たときに、幸せな人は本当に幸せそうだし、不幸な人はもう死にそうなぐらい不幸になっている。

それが人生です。最低から最高までを見て、自分の未来に対して漠然とした不安を抱く人もいるでしょう。

まだ結婚していない人は、「自分にはパートナーが現れるのか」ということを心配したり、ライフワークが見つからない人は、「自分はこのまま、好きなことができるんだろうか」「この先、どう生きていくべきか」で悩んでいたりします。

「正解」がまったく見えないまま、目隠しして歩いているような、そんな気持ちになるのが、「30代」の今なのです。

子どもがいてもいなくても、自分は、命のつながりの中にいる、と感じながら、この命をどうしよう、と考え始めるのです。

□自分は何に対してYESと言うのか

いま「30代」のあなたには、人生の選択肢が、限りなくあります。

でも、どれくらいの人が、自分の未来をポジティブに感じられているでしょうか。

仕事がうまくいっている人でも、もっとできるのに残念だと感じているかもしれません。

ダメな人は、変わるとしたら今しかない、とソワソワしていることでしょう。

社会全体がストレスでいっぱいになっていると、不安を感じる人がいっぱい出てきます。

全体として混沌《こんとん》とした中にいるからこそ、何か新しいことができるような感覚と、何もできないような感覚が、交互に押し寄せてくると感じている人も多いでしょう。

たしかに「30代」には、多くの選択肢があり、人生のチャンスはいっぱいあります。

これが「40代」「50代」となると、今ある選択肢は、大幅に減っていきます。

よくも悪くも、「あきらめなければならないこと」が増えて、「自分がもう行けない道もある」ことが身に染みてわかってきます。

選択肢が減れば、そのぶん迷うことも少なくなるので、ある意味では、今よりも生きるのがラクになります。

けれども、今のあなたの年齢では、そう達観してもいられないと思います。

それどころか、これまでの人生で、今ほど迷っていることはない人も多いでしょう。

もし、あなたがその渦中にいるとしたら、その出口は、まだ見えないかもしれません。

選択肢が多いので、何を選んでも正解でないような気分になるものです。たとえ答えが見つかったとしても、違う選択肢があるんじゃないかと迷ってしまいます。

「20代」は、元気さえあれば、なんとか乗り切れるものです。

「30代」になると、体力も落ちてきて、「20代」のノリを維持できなくなります。なんとなく調子が悪いと感じ、いままでのようにはいかなくなります。

20代には、まだ希望があるのですが、30代の後半から40代にかけての時期は、のちの人生を全部入れても、いちばんキツいと感じるようです。

昔から「厄年」には気をつけないといけないということがいわれます。

なかでも「大厄《たいやく》」とされるのが、女性は33歳、男性では42歳とされています。病気などの災難を招きやすい時期と重なっています。実際に、男女ともに「30代の後半から40代前半」が精神的にキツくなっていくというデータがあります。

たとえば、今つき合っている人がいて、その人との結婚について考え始めているとしましょう。幸せな気持ちもあるでしょうが、ひょっとしたら、「この人でいいのか」という迷いがあるかもしれません。

そして、

「結婚するか、しないのか」

ということで悩んだりしてしまうのです。

「30歳を過ぎたら結婚するのが当たり前」というような常識は、今はありません。もっと自由に、自分の人生を選んでいくことができます。

相手のことを好きなのは間違いないとしても、「理想の人ではないかもしれない」と感じてしまうのです。

これは、仕事に関しても同じことが言えます。
今の仕事が果たして、本当にやりたいことかどうか――。
そこに自信が持てなくなるのです。
大きな不満はないにしても、「もっと別の道もあるんじゃないか」と思うわけです。

何に対して、自分は「YES」と言うのか――。

これが「30代」で、いちばん大切で、いちばん難しい課題といっていいでしょう。
いま迷っているのは、答えを求められても、全部に「NO」と言いたくなるからです。
じつは、それが「30代」の特徴ともいえます。
選択肢があるからこそ、一つに絞《しぼ》ることが難しく、悩んでしまうのです。
「どれに対してもしっくりこないので、『NO』と言いたい。
でも、そんなことしてたら、何も始まらない……」
そういうフラストレーションを感じながらも、自分の「YES」を見つけ出さなければいけないのです。

あなたの「ＹＥＳ」は、どこにあるのでしょう？

それを探すのが先です。

そして、もしも探しても見つからなければ、自分の道を自分でつくっていけるのが、「30代」の特権です。

それこそが、あなただけの幸せの見つけ方なのです。

たくさんの「ＮＯ！」に囲まれた環境で、少しずつ自分の未来の可能性を探っていきましょう。幻想かもしれないけど、こうなったら最高だなぁというワクワクするような未来をイメージしてみるのです。

そのうち、不思議な偶然が次々に起きて、少しずつ、あなたが夢見た未来に近づいていくことができます。

そう、人生は、あなたに素晴らしいものをもたらしてくれるのです。

おわりに──自分らしさに目覚めよう！

最後まで読んでくださって、ありがとうございました。

さあ、今のあなたは、どんな気分でしょうか。

「今のままでいいのか」

慌ただしい日常の中で、漠然とした不安を抱えている人は、少なくないでしょう。

でも、なんとなく「今のままでもいいこと」と「これから変えられること」が「見えてきた」としたら、著者としてとっても嬉しいです。

そう、ようやく「自分」というものがわかってくるのが、「30代」という年代です。

今のままじゃダメだ、ということがある反面、「これだけは変えたくない」ということもあるはずです。

自分らしさに目覚めて、自分の生き方を見つけること。

それが30代の課題です。

いろいろ先輩面《づら》して、アドバイスをしてきましたが、何か参考になったらと思います。

いま、時代は大きな変化の中にあります。心配や不安は尽きないでしょう。

けれども、あなたさえその気になれば、人生は本当に素晴らしいものをもたらしてくれます。あなたは、自分らしい人生を切り開いていくことができます。

まだまだ忙しい日常は続いていくでしょう。途中、何度も泣きたくなったり、挫折《ざせつ》したりということも出てくるはずです。そして、人生で最高の思い出も、30代にできることでしょう。そう、今がいちばん、濃密で楽しい時代なのです。

あなたが、激動の30代を幸せに生き抜けますように。

素敵な思い出がいっぱいの人生を送ることができますように。

あなたに、心からの愛と祝福を送ります。

本田健

○ 著者プロフィール

本田 健（ほんだ・けん）

作家。神戸生まれ。経営コンサルタント、投資家を経て、現在は「お金と幸せ」をテーマにした講演会やセミナーを全国で開催。インターネットラジオ「本田健の人生相談」は4800万ダウンロードを記録。著書は、『ユダヤ人大富豪の教え』『20代にしておきたい17のこと』（大和書房）、『大富豪からの手紙』（ダイヤモンド社）、『きっと、よくなる!』（サンマーク出版）、『大好きなことをやって生きよう!』（フォレスト出版）など200冊以上、累計発行部数は800万部を突破している。2019年6月にはアメリカの出版社Simon & Schuster社から、初の英語での書き下ろしの著作「happy money」をアメリカ・イギリス・オーストラリアで同時出版。その他ヨーロッパ、アジア、中南米など、世界40カ国以上の国で発売されている。

本田健公式サイト http://www.aiueoffice.com/

30代にとって大切な17のこと

2021年10月10日　第1刷発行
2024年 3 月25日　第4刷発行

著　者　本田 健

発行者　櫻井秀勲
発行所　きずな出版
東京都新宿区白銀町1-13　〒162-0816
電話 03-3260-0391
振替 00160-2-633551
https://www.kizuna-pub.jp/

ブックデザイン　福田和雄（FUKUDA DESIGN）
編集協力　ウーマンウエーブ
印　刷　モリモト印刷

ISBN978-4-86663-153-0

きずな出版